庫クセジュ】

ンの哲学

神話とロゴスの饗宴

ジャン=フランソワ・マテイ著
三浦要訳

白水社

目次

序　パロドス——大地の意味

これは、ひょっとしたらカフカの物語かボルヘスの奇譚かもしれない。ある日のこと、ひとりの男が目を覚まし、うつろな眼差しで自分の周囲を見やる。あたりはいちめん薄明かりに包まれていて、彼の仲間たちは、例によって小声でささやいては、自分が目にしているもの——実のところは岩のスクリーンに投影されているものだが——について語っている。直立した、なめらかで軽快に動く影たちは、互いにつながり合い、みずからの欲求が描く曲線に流動性を付け加えている。迷っているのは彼だけである。彼は自分が動揺しているのを感じる。ただしそれは、影がかたどる図柄によってというよりもむしろ、未来のことを言い当てようと努める者たちの言葉によってである。もう彼からは、壁面を滑っていくこれらの密やかにゆらめき動くものについて語りたいという気持ちは失せている。彼は目を閉じてはいないし、他所を見ているわけでもない。彼はただ、自分の精神——こんなふうに彼は呼んでいる——をずっと昔から育んでくれている影たちの奔流をほんの一瞬せき止めるだけである。するとと彼の不安は募る。そう、ずっと昔から。しかしその前は？　彼は別のことをぼんやりと想い起こす。奇妙な不安である。もはやそれは、飢えや渇き——つまり、他の人びとが自分の慣れ親しんだ見せ物から顔を背けることなくこれを癒そうとし、また、そんな人びとに対して一言も声をかけることのなかった、そんな飢えや渇き――ではない。一度も目にしたことがないものなのにまるでそれを覚えているかのように、ある別の動きが彼を動揺させる。彼は、自分がこれまでにけっして考えたことのないもののことを初めて想起し、そしてまさにそのとき彼は、その考えたことのないものに驚異の念を抱くのである。

今や彼は、なぜだかわからないが立ち上がっている。そしてめまいが彼を捉える。彼は前方へ動き出し、よろめいて倒れこむ。ところが彼はまた真っすぐになっている、あたかも目に見えない手が今しも彼の体を立て直してくれたかのように。そのあとも彼の転倒は一再にとどまらず繰り返されることになるが、にもかかわらず、不愉快な感じはしない。むしろその感覚は、好奇心を刺激し、人の心に巧みに取り入ってくるようなものでもあって、それが毎回、起き上がって歩けと彼を駆りたてるのである。彼は歩くすべを学んでいるのだとみずから理解する。そして、まったく思いもよらないことだったのだが、ほどなく彼は、自分が理解しているのだと理解している。いや、もっと正確に言うなら――と彼は思う――まるで、思考が思考それ自身のうちに映し出されるより先に動作が思考のうちに映し出されるかのように、学んでいるその当のことを自分は学んでいるのだ。彼はこのことにすっかり驚嘆して立ち止まる。彼は気づいていなかったが、横たわる数々の身体をひたすらまたぎ越していたので、彼らが上げる抗議の声に耳を傾けることもなかったし、自分の背後の影たちのことさえも顧みることはなかった。そして気づくと彼は石の仕切り壁の前にいる。彼は出口を探しているわけではない。彼にはそれが何なのかわからないからである。彼はただ、仕切り壁を両手で触れながら右のほうに壁を伝って進むだけである、自分の力がどれほどのものであるかをそこに見つけだすかのように。それから彼は、突如として仕切り壁の反対側にいる。その壁を背後に感じ取りながら、彼は、前にも増して険しく、そしてますます明るくなっていく坂を登っている。彼にはまだ登り道とその道を包み込んでいる光との区別がつかない。光-に-包まれた-登り-道、それはまったく別物だ。そして彼は自己満足に浸る。なぜなら、前に進みながら、彼は明るい-道のことを考え、そして、自分が明るい-道のことを考えているのだと苦もなく考えているからである。苦労は登ることにあり、考えることにはない。

　彼は熱を帯びた光を通り過ぎてもうしろを振り向くことはなかった。彼は別の火と別の熱のことを考えているからである。まったくもって奇妙なことだし――彼は再び思う――、この思いを口にできるのはありがたいことだが、自分はきっとあの高所で――とはいえ、「あの高所で」というのが何を意味しているのかあまりよくはわからないのだが――別の光源を目にすることになるだろう。たぶんそれが、おおいなる光のことを考えさせる火か、あるいは、その火を見分けさせてくれたおおいなる光なのだろう。まあ、どうでもよいことだが。前に進めば進むほど、ものごとが明瞭になるとわかっているし、それがわかっているということを今や知らずにいることはないのだ。彼は、明るさとは強さというよりも晴れ間のようなものだと納得する。なぜなら、それによって影を明るみへと引き出すことができるのだから。彼は、長いこと愛着を感じていたが終いには飽き飽きしてしまった下のほうの影たちのことを想起しながら、「明るくもあり暗くもあるもの」のイメージを拵《こしら》えるのに興じる。何かが、昔日の影たちのごとくに暗くあると同時に、今日の道や道沿いの石のように明るくあることがどうして可能なのだ？

どうして影たちは、互い同士を切り離すとともに彼らと内壁とを切り離す、そんな一筋の光をもてたのか？　そして、石は石でまた、互い同士そして地面と石とを区別する一筋の影をどうして生み出すことができるのだろうか？　彼は徐々にではあるが理解するのである、分割する線は自分のうちにあるが、しかしそれを作り出したものは自分ではないことを。

ずっと上のところで彼は突然立ち止まった。光があまりにも強烈すぎるからである。そこで彼は本当に何日かぶりに視線をそらした。それは目を守ったり休ませたりするためではなく、もっとも明るいもののことを考えるためである。そのことをあとで彼はずっと考えることになるだろう。上の世界、つまりその意味が何かを見抜いていたこの上の大地を、駆けめぐりながら。彼はもっとも明るいもののことを考えるだろう。そして、もっとも明るいものについて思考していても、だからといってその思考がもっとも明晰なものであるわけではないのを知ることになろう。光は、あらゆるものの縁からはみ出すものであり、はみ出すことで、あらゆるものにその縁取りと輪郭を与える。もっとあとになって彼は、もといた洞窟へと再び降りて、太陽で頭をじんじんとさせながらそのなかへと入っていくだろう。なぜなら彼は、暗いものによって自分が呼び寄せられているのがわかるからである。結局のところ、彼は影のことをなおざりにしていたわけではなかった。彼に控えめに光のことを考えさせるのは影だからであり、目覚めたときに最初に別のもののことを彼に考えさせたのは影だったからである。彼は、仲間たちのあいだを降りていくことで、彼らに揶揄や嘲弄を呼びおこし、そしてやがては怒りと嫌悪の念をかきたてる。だが、知ったことではない。彼にはわかっているのだ。自分の物語はやがて終わりをむかえるが、それは目覚めたときからすでに予感されていたのであり、また、自分が影のなかで死ぬのは、影によって光を体験したからにほかならないのだということが。

あとになって——といっても彼にはそれを知るよしもないだろうが——確とは知れぬ朝、ある別の男が、仲間たちにナイフで心臓を二度えぐられて殺されることになるが、そのとき、この男は異を唱えることもなく死を受け容れるだろう。天空を経巡ることになったとき、彼は、あらゆる記憶に染みこんだ生まれ故郷の大地の味をいよいよもってかみしめていることだろう。

第一章　パトス——哲学者の苦難と経験

アトランティス大陸をめぐっては、これまで、地中海、大西洋、あるいは遙か彼方の銀河にと、その所在が見出されてきたが、あの洞窟の位置についても同様に、クレタ島やサントリーニ島、あるいはまだほかにもいろいろな所に求められてきた。しかし、こうして詮索することがすでにプラトンの教説を取り違えているということである。洞窟とは、アテナイ、つまりこの哲学者が死に、しかし哲学が生まれたアテナイという国にほかならなかったし、アトランティスは、理想国家の逆転像を映す鏡として提示されていたのである。プラトンの全生涯はその意味を、ソクラテスの死と、人びとの認知力の欠如ということの二点から得ている。アテナイという国はプラトンの師をソフィストと勘違いしたが、このソフィストというのは、仕切り壁の後ろに身をひそめては、囚人たちが陶酔する幻影を生み出す、そんな自由の身の人びとだった。彼らは囚人たちの世話を焼き、みずからの言葉を囚人たちに糧として与えていたが、その縛《いまし》めを解いてやることはなかった。ソクラテスは、祖国を離れることが一度もなかったように、けっして洞窟を立ち去ることはしなかったが、それとは対照的に、プラトンは、やっとの思いで自分の生まれた世界から離れて、先陣を切って異国の試練を受け、この世界の意味を体得することを目指した。

たとえ、最後にはアテナイつまり洞窟の真っただ中にアカデメイアを設立することになるにしても、これがおそらくエジプトあるいはシュラクサイ〔シチリア島東岸に位置する現在のシラクーザ〕といった国々へと彼を駆り立てた推進力なのであろう。

I　プラトンの生涯

プラトンは、アテナイあるいはアイギナ〔アテナイの南方にある小島の都市〕近辺で第八八オリュンピア祭期中に生まれた（前四二八／四二七年）。それはペリクレスの死後まもなくで、ペロポネソス戦争が始まったころである。プラトンが生まれたのは、タルゲリオン月〔現在の五月後半から六月前半〕の第七日、アポロン神の生誕日だった。これに対してソクラテスが生まれた日は、同じ月の第六日、アポロンの双生の妹で出産の女神であるアルテミスの生誕日に当たっていた。このように哲学の誕生に神々の大きな関与があったのは、わけてもプラトンの家系がだれにも引けを取らないものだったからである。アリストンの息子、小アリストクレス――「プラトン」という彼の綽名《あだな》はその「肩幅の広い《プラトーン》」体格に由来するものである――は、父方の血筋がアテナイ最後の王コドロスにつながるものであった。かのソロンは、彼自身の家系が海神ポセイドンまでさかのぼるが、その友人にドロピデスという人物がいて、プラトンの母ペリクティオネは、このドロピデスを曾祖父とする小クリティアスの孫娘であり、また、その名にちなんだ対話篇『クリティアス』での対話者で、三〇人独裁僭主のひとりでもあるクリティアスにとっては従姉妹に当たった。アトランティス大陸の話は、この小クリティアスが祖父の大クリティアス〔つまりドロピデスの子〕から聞かされた話を物語ったものであろう。プラトンが生まれたのはこうした高貴な血筋の貴族階級の家庭で、彼にはアデイマントスとグラウコンという二人の兄とポトネという姉あるいは妹がいた。親族には、前四〇四年に民主制を打倒した三〇人独裁政権で決定的な役割を果たした人物、つまりクリティアスとカルミデスがいた。

プラトンは、ヘラクレイトスの徒であるクラテュロスとパルメニデスの徒であるヘルモゲネスの教えを受けたあと、ソクラテスを囲む仲間たちの一員として迎え入れられたが、民主派の復帰後にソクラテスに下された有罪判決に強い衝撃を受けた。民主派はこのような判決を下したが、それよりも先にソクラテスは、当時、サラミス島に逃れていた民主派の支持者レオンを同胞市民の四人と組んで強制連行せよという三〇人独裁政権の命令に従わずにこれを拒絶したことがあったのである。前三九九年のソクラテスの死をうけて、プラトンはメガラのエウクレイデスと彼の論理家グループ〔エウブリデス、スティルポン、ディオドロス・クロノス〕のもとに逃れていった。それは、アテナイ軍がスパルタ軍に撃破される前三九四年のコリントスの戦いに彼が出征する以前のことだった。そのあと彼は、エジプト、ついでキュレネ〔北アフリカ沿岸の都市〕への長い旅に出た。キュレネでは、快楽主義の唱道者アリスティッポス、無理量に関する理論家である数学者テオドロス――われわれは対話篇『テアイテトス』『ソピステス』そして『政治家』において彼と再会することになる――と知己になった。彼がマグナ・グラエキア

〔南イタリア〕に辿り着き、タレントゥムで哲学者、数学者そして政治家でもあるピュタゴラス派のアルキュタスと出会ったのはそのころであろう。ディオゲネス・ラエルティオスの報告によると、プラトンはのちにピュタゴラス派の賢人たちのなかで最も著名なクロトンのピロラオスの書物を四〇ムナで買ったという話があるが、おそらくこれは新プラトン主義者たちのあいだでの後代の証言であろう。対話が行き詰まり《アポリアー》で終わる若いころの対話篇、つまり『小ヒッピアス』『アルキビアデスI』『ソクラテスの弁明』『エウテュプロン』『クリトン』『イオン』『大ヒッピアス』『カルミデス』『ラケス』『リュシス』そして『プロタゴラス』の執筆は、まさにこの前三九九年から三八七年の時期になされたものである。

　われわれが再びプラトンと出会うのは前三八八年、シケリアの大ディオニュシオス（一世）の宮廷においてである。この人物はシュラクサイの独裁僭主で、哲学の素養を鼻にかけ、自分の三人の娘にディカイオシュネー（正義）、ソープロシュネー（節制）、そしてアレテー（徳）という名を付けていた。プラトンはディオニュシオスを説得して正しい国制を確立させようと試みたが、不首尾に終わった。プラトンがディオニュシオスの従兄弟で義弟のディオンと親交を結んだのは、ちょうどこのときである。この最初の体験は数カ月しか続かなかった。ディオニュシオスがプラトンをスパルタの船に無理矢理に乗せて追放したからである。一説によると、その船はアテナイと敵対するスパルタと同盟を結んでいるアイギナに寄港して、そのときにスパルタ人たちがこの哲学者を奴隷として売ったというのである。幸いにも、キュレネのアンニケリスがプラトンのことを覚えており、二〇ムナ支払って彼を買い受けて自由の身にした。ディオンがその代金を送ったが、アンニケリスはこれを受け取らず、のちにアカデメイアとなる地所を購入するための資金としてプラトンに与えたとのことである。

前三八七年にアテナイへ戻ると、プラトンはオリーヴの茂る神苑を手に入れたが、ここは、市街北西部のエレウシスに向かう道の側方、コロノスの丘近くに位置しており、テセウスがさらっていったヘレネの居所を彼女の兄弟カストルとポリュデウケスに教えたとされる英雄アカデモスに捧げられた神苑だった。プラトンは、マグナ・グラエキアのピュタゴラス派サークルにならって設立した共同体に、この英雄の名前を付けた。こうして「アカデメイア」は「哲学」――この言葉はプラトン周辺に由来する――の最初の学園となった。それは、学則、予算、講義室をもつとともに、学芸の女神ムーサに捧げられ図書館も併設する社殿ムーセイオンを備えた、原始的だが大学の様相を呈していた。研究員と学生の全体を指導していたのが学園アカデメイアの学頭つまり「スコラルケース」である。そのあと、幾度かの中断や、学園をプトレマイオン体育場内に移設するといった場所の変更があるにはあったが、アカデメイアは、ユスティニアヌス帝がアテナイの諸学校を閉鎖する紀元後五二九年まで存続することとなる。

学園はさまざまな哲学者や学者を受け容れていたが、たとえば、プラトンの甥で彼の死後に学園を指導することになるスペウシッポス、そのスペウシッポスのあとを継ぐカルケドンのクセノクラテス、対話篇『法律』を刊行し『エピノミス』を書くことになるオプスのピリッポス、プラトン最後のシケリア旅行の際にしばらく学頭を務めたポントスのヘラクレイデス、シュラクサイのヘルモドロス、さらにはテアイテトスおよびクニドスのエウドクソスといった数学者がそうである。しかし、忘れてならないのがそうした人びとのなかで最も高名な人物、すなわちアリストテレスである。彼はアカデメイアで二〇年を過ごしたのちにリュケイオンを創設した。いわゆる過渡期の対話篇が執筆されたのは、この前三八七年から三八〇年の時期である。すなわち、『ゴルギアス』『パイドン』『メノン』『饗宴』『パイドロス』『エウテュデモス』『メネクセノス』『クラテュロス』そして『国家』第一巻（あるいは『トラシュマコス』）がそれに当たる（『国家』の残りの巻もこの時期以降、三七〇年頃までに書かれた）。

前三六七年に大ディオニュシオス（一世）が亡くなると、プラトンはディオンの懇請に応え、シュラクサイへ第二回目の旅に出る。三十歳という年齢で王位に就いた一世の息子小ディオニュシオス（二世）に助言と指導を与えるためである。しかしこの胸躍る体験も挫折に終わる。ディオニュシオスはプラトンの指導助言に従うどころか、ディオンと彼とを陰謀家と見なしてしまうのである。ディオンはまもなく国を追われてアテナイへと亡命することになり、他方、プラトンは帰国が許可されるまでオルテュギア島〔シュラクサイの湾内にある小島〕の城塞のなかに留め置かれてしまう。その仕打ちにもかかわらず、彼は、もしディオニュシオスがディオンを宮廷に呼び戻すなら再び訪れよう、と約束する。六年後の前三六一年から三六〇年に、何人かの弟子を供に最後のシケリア旅行を行なったプラトンは、この僭主に対して友人ディオンの弁護を試みるが、首尾よくことは運ばなかった。プラトンが再び自由の身となれるのは、ひとえにアルキュタスのねばり強い仲介のおかげである。プラトンは前三六〇年に帰国すると、オリュンピアで祭典の折にディオンに会う。ただしかし、あの僭主を廃位させるためのディオンの遠征に加わることはなかった。ディオンはみずからの艦船と軍隊を率いてシュラクサイを占領し、続いて廃位させた先王と同様の僭主制を打ち立てるのに成功するが、結局この事件は流血のうちに終わりを迎える。ディオンは三年の統治ののちに、友人でありプラトンの弟子でもあったカリッポスの手で暗殺されてしまうのである。啓蒙的専制君主制は、のちの哲学者たちを魅了することになるが、その選択は惨憺たる結果に帰着する。それは、プラトンの次のような辛辣な指摘を裏づけるものとなっている。「公正と真実において、哲学に専心する類の人びとが政治的権力の座に就くか、国家において権力をもっている人びとが、何か天の配剤によって真に哲学に専心するかの、いずれかとならない限り、人類はみずからの災悪を終わらせることはないだろう」（『第七書簡』三二六a-b）。

プラトンは、時あたかもアテナイの民主制が衰退の一途をたどっていた前三四七年、八十歳でこの世を去る。その死の一〇年後、ギリシアの諸国家は、マケドニアのピリッポスの王国、続いてアレクサンドロスの王国に併合されることになる。前三八〇年から三四七年、老年期にかけて哲学者プラトンが著わした作品は、もっとも難解な部類に数えられている。すなわち、『パルメニデス』に続く『テアイテトス』『ソピステス』『政治家』の三部作、『ティマイオス』と『クリティアス』、『ピレボス』『法律』そして『第七書簡』である。この書簡はプラトンの名で残されている一三の書簡のなかで真正のものと認められている。われわれのもとに伝存する二八の対話篇《ディアローグ》（ただしそのうちの一篇『ソクラテスの弁明』はモノローグである）の正確な執筆順序はわからない。このうち七篇はその真正性に疑義が呈されている（すなわち『アルキビアデスII』『ヒッパルコス』『恋がたき』『テアゲス』『クレイトポン』『ミノス』『エピノミス』）。これら一・八の対話篇以外の著作は擬書と考えられている（すなわち、『アクシオコス』『正しさについて』『徳について』『デモドコス』『シシュポス』『エリュクシアス』そして『定義集』）。

Ⅱ　ソクラテスの死

ソクラテスの裁判の日、プラトンは演壇に上り同胞市民に向かって、「アテナイ人諸君、わたしはこの演壇に上った《アナバントーン》（ἀναβάντων）者のなかでは最年少であるが……」と語りかけたが、その声は裁判官たちにさえぎられてしまった。彼らはその言葉尻を捉え、プラトンに大声で「……演壇から降りろ《カターバー》！」と笑いながら叫んだ〔ディオゲネス・ラエルティオス『ギリシア哲学者列伝』Ⅱ、四一〕。そうしてプラトンに、演壇から降りて《カタバイネイン》（καταβαίνειν）自分の頭の上の蝿だけ追っていればいいのだと悟らせたのである。裁判官たちが被告人の友人の言い分に耳を貸すのを拒絶したことで、参集していた人びとには、賽は投げられたのだとはっきりわかった。プラトンが、「人びとのなかで最も優れた、しかも最も賢く最も正しい」（『パイドン』一一八a）と呼んでいた人は、国益の名の下に死刑を宣告され処刑されることになる。

哲学者プラトンにとって教訓となったこの場面は、上昇《アナバシス》と下降《カタバシス》、すなわち太陽に向かっての上昇と洞窟のなかへの下降にリズムを与える。『第七書簡』はディオンの友人たちに宛てられたものだが、それを読めば、師ソクラテスに対する死刑宣告は、プラトンの人生においてすべてがひっくり返った決定的瞬間だったことがわかるだろう。プラトンは、正義が現にあり、そして人を教育することは可能なのだ、となおも信じていた。ところが、アテナイをさまざまの暴力が揺り動かして、それがじわじわとこの国の憤懣に明確な形を与えていき、それが頂点に達したところでソクラテスの訴訟事件が起こったのである。前三九九年、悲劇詩人のメレトスは、政治家のアニュトスと弁論家リュコンの協力を得て、ソクラテスに対する公訴をバシレウスの役所に提起した。執政官《アルコーン》は訴状をヘリアイアの法廷に送達した。このときの告訴箇条は次の三項目からなっていた。すなわち、「ソクラテスは国家の認める神々を認めていない。ソクラテスは新しい神格を導入している。ソクラテスは若者たちを堕落させている」。この訴訟では投票が相次いで二度行なわれている。第一回の投票は、被告人が有罪か否かを、第二回の投票は被告人にいかなる量刑を課すべきかを決するものである。最初の投票の結果、ソクラテスは六〇票差の多数票によって有罪と決せられた。ソクラテスは、量刑の対案を、そしてそれが罰金刑であればその総額を申し出るように求められると、自分は無罪であると明言し、国家の竈《かまど》が維持されている迎賓館《プリュタネイオン》で饗応をうけるものとするように提案した。第二回目の投票では、裁判官たちは圧倒的多数で死刑を宣告した。ソクラテスは、脱獄させようとする友人たちの協力を拒絶し、テセウスの勝利を祝うためにデロス島へと祭使を送った船が戻ってくるまでの一カ月間待機させられたすえに、友人たちが見守るなか、毒ニンジンをあおったのである。

人間のうちで最も知恵があるとデルポイの神託が認めた人物への有罪宣告を目の当たりにしておぼえた憤りが、プラトンに哲学の道に入ることを命じた。民主派の人びと自身がアテナイから放逐されていた時期に、ソクラテスは彼らの同志のひとりを救ったことがあるが、にもかかわらず民主派の人びとはそのような人物を死なせたのだから、プラトンが見せた憤激もそれだけにいっそう激しいものだった。

このときプラトンは、これほどの不正を犯した言語道断な出来事から哲学的な帰結を引き出すことになる。どんな国家も例外なく悪しき国制のもとにあり、その法制も道徳性もあまりに頽廃しきっているがゆえに、国家状況は手の施しようがない。「わたしは、国事においても個人のことがらにおいても、正しいことのすべては、ほかならぬ正しい哲学によってこそ見きわめられうるのだと、その当の哲学を賞賛しながら、言明せざるをえませんでした」（『第七書簡』三二六a）

アガナクテーシス（ἀγανάκτησις 憤慨）とは、死をも辞さないひとりの人間の尊厳、すなわちアクシオーマ（ἀξίωμα）が踏みにじられるという特異な事態に直面したときに普遍的な影響力をもつ激憤の原理（axiome）である。たとえば『ゴルギアス』によると、悪しき人間が正しい人間を死なせるのは、それこそ「まさに憤慨すべきこと《アガナクテートン》（ἀγανακτητόν）である」（五一一b）。『メネクセノス』では、アテナイが、ペルシア人との戦いで自分たちの払った犠牲に謝意を表することのなかった他の国家に対して憤りをおぼえながらも《アガナクトゥーサ》（ἀγανακτοῦσα）、結局、戦争の終わりに和平を認めたという事実を、アスパシアの演説が思い起こさせている。しかし、プラトンの魂論の基礎をなす憤りについて書かれている主要なテクストといえば、やはり『国家』第一〇巻に見られる個所である。これよりも先にソクラテスは、人間の魂が身体の三部分に座を占める三つの異なる審級に分かれているということを、国家の三階層と対比しながらすでに明らかにしていた。すなわち、一番高いところの頭には理性があり、これによって人は知識を獲得することができる。中間にあるのが怒りで、これは人の心を激怒へと駆り立てる。そして一番下の胸郭にあるのが欲望で、ありとあらゆる快楽を追い求めることを強いるものである。

魂のこれら三つの働きがただひとつの働きに帰着しうる場合、「同一のものが同一の側面において同一対象との関係において相反することをしたりされたりすることはできない」という矛盾律を必ず犯すことになる。ところで、人間の魂は、互いに対立し合う二つの原理がその活動を規定しているがゆえに、絶えず自分自身と衝突している。すなわち、推論を導く部分、つまり論理に関わる原理（τὸ λογιστικόν）と、欲望を導く部分、つまり快楽に関わる原理（τὸ ἐπιθυμητικόν）である。快楽への欲望と理性とのあいだにはいかなる調和もありえない。人間の行為が首尾よく成し遂げられるには、これら両極端のあいだに割って入る仲介者が何としても必要となる。「怒り」（ἡ ὀργή）の役割はまさにそこにあるのであって、これは、憤りを体験する魂の、つまり情動《パトス》としての憤りを覚える魂の、抗いがたい昂ぶりを指す。レオンティオスがペイライエウスからアテナイへと北上する際に、とある処刑場で寄せ集められた死骸を見たときに彼の心を動かしたのもそれである。彼は死骸を見てみたいという抑えがたい欲求を感じると同時に、この欲求に身を任せることへの嫌悪感もそれと同じだけ強く感じている。彼は葛藤のすえに、もはやこらえきれずに、死体のところに駆けよって、両目をかっと見開いて叫ぶのである。「さあ、お前たち、呪われたやつらめ、この美しい見せ物を堪能しろ」（『国家』第四巻、四三九-四四〇）。心の自然な情感は、魂全体を脅かす欲望と対立し、理性の傍らに座を占める。体験される心情の昂ぶりは、ここでは「気概」（τὸ θυμοειδές）という名前をもつ。いまプラトンは、魂のこれらの区分を再び取り上げて、憤る力（τὸ ἀγανακτητικόν、『国家』第一〇巻、六〇四e、六〇五a）をこの心の昂ぶりと同一視しているのである。気概は、限度というものをまったく知らない快楽の原理と対立するが、それと同じく、自分自身よりほかのいかなるものにも支配されてはならない理性の節度ある性格とも対立する。魂は、悪——そこに魂は邪悪さと、しかし同時に魅惑も感じる——に抗して立ち上がることにより、理性にその尊厳を主張する機会を保証する。

Ⅲ　二つのダイモーン（神霊）

洞窟の囚人が、影たちの繰り広げる見せ物に没頭している状況、あるいは自由の身となった人が太陽を太陽自身の場所において「観察する」《テアーサスタイ》（θεάσασθαι）のに成功する、その状況、また、エルの神話において、魂が、天で目にした「光景」《テアース》（θέας）について不可思議な物語を話して聞かせるその状況、さらには、『饗宴』での、秘儀を伝授された者が首尾よく〈美〉の大海原を「観る」《テオーローン》（θεωρῶν）ことのできるその状況、あるいはまた、神々の魂がその円環運動の「光景」《テアイ》（θέαι）を見せたあとで、天の外の〈形相〉を「観想し」《テオールーシ》（θεωροῦσι）に行く（『パイドロス』二四七c）その状況——いずれの状況を考察するにしても、その度にプラトンは「観想」《ヘー・テアー》（ἡ θέα）と関わりのある言葉を用いている。この「ヘー・テアー」という言葉は、「光景」も「観覧する場所」も意味し、その結果、現実と直面するときの魂の劇場的様相を喚起することになる。

そのような光景は、ほんとうの現実を認識する方法としての理性に足場を与え、さらにまた、他者に課せられた不正な宿命を再認するものとしての憤りにもその足場を与える。アガナクテーシスという語は、はかならぬソクラテスが語り手である『ソクラテスの弁明』で現われることはないが、弟子がみずからの見解を述べる『パイドン』において再び出てくる。すなわち、ソクラテスは、「私は君たちのもとを去るが、苦しみも憤りも感じてはいない」（『パイドン』六九d）と述べ、自分自身の死を前にして憤慨してはいないのだと友人たちに明言する。激憤という感情が関わるのは、行為の不正——それは、行動のさまざまな制約を一時停止することで、倫理的内省への道をひらく——を前に、言わば一歩退いて劇的事件を目にしている目撃者だけである。結果として憤りは、自分自身の被る不正ではなく、ほかの人びとに加えられる不正の光景に直面するときに根源的な倫理的衝動として現われる。死ぬことに憤慨を覚えるのは思慮ある人のすることであり、死ぬのを喜ぶのは愚かな人のやることだ、とケベスが主張すると、ソクラテスは、知者には自分の命がかかっているときでも憤慨することは許されないと四度にわたって明言する（『パイドン』六二b、六三c、六四a、六九d）。ソクラテスは死ぬことについて憤ることはない。なぜなら彼は、神々のもとに、そしてこの世の人びとより優れた死者たちのもとに行けるという希望をもちつづけているからである。だからわれわれは、不正が罰せられないままであることのないよう真の生においては人間の行為に対する報いが定められている、と信じるべきなのだ。不正が罰せられないでいるとしたら、それは結局、正義が事実上は存在しないのだと認めるに等しいこととなるだろう。ところでしかし、もしなされたことのすべてが不正であると明らかになるなら、法の正しさという観念をわれわれはいったいどこから手に入れるというのだろうか。正義への希望を固守して、悪を拒絶することに意味を与えるために、プラトンはここで三つの形而上学的前提に訴える。すなわち、もし人間が魂でないとしたら、そしてもし魂が不死なるものでないとしたら、そしてまた、善良なる人びとが死後に幸福な生を手に入れられないとしたら、われわれが「正義」と呼ぶものは意味のない言葉なのである。

それゆえ、哲学するとはとりもなおさず死ぬことを学ぶことなのである（『パイドン』八一a）。というのも、哲学するとは、究極の不正——それは、どのような救済も欠く場合、倦むことを知らぬ時の円環のなかで以前の暴力を永続させ反復させることになるであろう——に対して憤慨することにほかならないからである。人間は、頭上に張り出した永遠の正義というものの保証をもたないまま、悪と苦痛をこうむるように運命づけられており、憤ることでその魂はもてる力をむなしく蕩尽している。ひとの絶対的尊厳が実現されるためには、それが絶対的卑劣さ、つまり正義に生命を捧げたひとが遂げた不当な死と合体しなければならないのである。予告はされるが、しかし決して期待されてはいないこの死の傍らでは、倫理の存在根拠はきわめて形而上学的である。つまりそれは、魂をその生の運命へと連れゆくこの曖昧な限界のしきみにわれわれをつなぎ止めておくのである。

だから、「気概（θυμοειδές）——理性と欲望の中間にあるあの能力——が理知的部分に味方して武器を取る」（『国家』第四巻、四四〇e）のだと気づいたときのグラウコンのように、憤慨するのはほかならぬ哲学者である。気概はその場合、日常のさまざまな出来事の流れをしばしば中断させるが、それによって意識は、内省的にみずからを把握して裁定を下すことができるのである。すなわち憤りは、まさに始めようとしていた行為を終わらせるソクラテスのダイモーン〔神霊〕と結びつく。ソクラテスは弁明の途中で裁判官たちに、自分には「何か神からの知らせとか、ダイモーンからの合図とかいったようなもの」が子供の頃からしばしば起こるのだと打ち明ける。この神の合図は、ある行為が実行に移されようとするのをうまく止めたり断念させたりする。そしてこの予知能力は、『パイドロス』でのダイモーンの声に充てられた一節（二四二c）では魂と関わりをもつものとされている。ソクラテスのダイモーンは、まさに行動しようとしている人を、あたかも外部からの禁止命令に従わせるかのように制止する曖昧模糊とした力である。だからダイモーンは、法的な意味での思考の「裁決」と同時にその活動の始源――ただしこの逆説は外見だけのものにすぎないのだが――を体現している。その顔のひとつが憤りの仮面の下にかすかに見分けられるダイモーンの本性は、こうして哲学の本来の出発点として現われる。実際、ソクラテスは『テアイテトス』において、タウマス（「驚異」）の娘イリス（「虹」）の物語を想起させる。その話によると、雷雨のあとの虹のように、知識は驚きのあとにやってくる（一五五c‐d）。神々の使者イリスは、暗然たる力をふるった雷鳴が遠ざかると、人びとに光り輝く哲学をもたらしてくれる使者である。この意味で、タウマゼイン（θαυμάζειν）、つまり世界を前にして驚嘆することは、まさに哲学の最初の契機なのである。

しかしながら、同様の断絶に依拠してはいるが、もはや実在へとは向けられず善へと向けられる、哲学のもうひとつ別の起源を認めなくてはならない。ところで、「実在の彼方」にあるこの善は、天と地に存在するあらゆるものを「力」と「尊位」において凌駕していると言われている（『国家』第六巻、五〇九

b）。善が、尊位の至高の形を表わしているのだとすれば、悪によるその否定は、必然的に憤りというパトス〔情動〕を招くことになる。『第七書簡』が示しているとおり、このパトスは、事物がそうあるとおりに有るという事実を前にして驚嘆すること——かのソクラテスの弟子を哲学することへと導いたのはこれであるが——ではない。むしろそれは、人びとがそうあるべきなのに実際にはそうで有らぬという事実を前にして憤ることとなのである。これら二つの感情は、似通った情意的の外形、つまり現実存在の別の次元への覚醒、あるいはその次元への開きという外形をもっている。そして、ソクラテスという人間と結びついているのが驚きという感情である一方で、プラトンが自分を哲学することへと導いた原動力だと認めているのが、ほかならぬ憤りである。驚きのダイモーンと憤りのダイモーンは、このように、同じ開きの構造に依拠している。ただし、驚きのダイモーンはその感嘆の眼差しを人間の魂のうちへと向けるが、憤りのダイモーンはその動揺した顔を外に向ける。魂が驚嘆するときは、まさに理性が、実在の真実性を証し、そして、その裁決を表明して、認識のプロセスを明確に示す。魂が憤激するときは、ひとに加えられた不正を前にして昂ぶる気概こそが、判決を下して道義心を揺るぎないものとするのである。

Ⅳ　二重の眩惑

日常の活動を一時停止する二つの様式を用いて、哲学者プラトンは彼のアプローチの独自性を実証する。それらの様式は、普遍的実在を認識することに理性を集中させる存在論的次元での停止か、もしくは、特異な魂に加えられた苦悩に対して憤激を向ける道徳的次元での停止となって現われる。驚きが惹起するさまざまな発見は、それぞれがそのまま認識を一新させるものとなっており、また憤りを呼び起こす侮辱のひとつひとつが、そのまま道徳の回復を示している。悪しき行為が人の魂を害するとき、害されているのはほかならぬ社会全体なのだ。マクベスに対抗してバーナムの森が大地につながれていた根を引き抜いて立ち上がるときと同じように、社会は激しく抵抗する。だから、『ゴルギアス』で、「天と地、神々と人間たち」（五〇八a）をただ一つの共同体へと結びつけていると断言されている正義が、言動において踏みにじられることがあれば、プラトンにおいてすぐにも宇宙的な憤りについて語られうるのも当然のことである。そのもっとも顕著な例は『クリティアス』の結尾に見ることができる。アトランティスの人びとが慎みを欠く者へと堕したとき、ゼウスは世界の中心に神々を残らず招集して言葉をかけたあと、大異変を引き起こした。これがアトラスの国家を呑み込むことになる。

ダイモーンという形象は、魂の構造を作り上げている実在と善への二つの開きの形態を具現している。魂は、イデアとの類縁性により本性的に卓越しているがゆえに、驚きを通じてその本源的あり方へと回帰することですべてを知ることができる。しかし、同時にまた魂は、憤りという断絶が魂自身の目的である正義へと魂を送り届けるやいなや、すべてを裁定することができる。いずれの場合においても、魂は小休止し、これによって日常の生の営みを免れる。現実存在のこの中断の名称が「スコレー」（σχολή）で、哲学実践の本質的条件を規定するものである。この言葉は「閑暇」とも「学校」とも訳される。実際は、「スコレー」は、スケイン（σχεῖν）つまり「停止する」から形成されて「停止」を意味し、ついで「静止」と「休暇」を意味する。「スコレー」とは、無知であることに満足している生の営為との断絶である。哲学もまた、アカデメイアにおいて飛躍するとき、教育の一組織ではなく、実在に端を発する驚異の学校なのである。洞窟である国家を離れて実在へと向かうこの迂回は、同時に、哲学者がその言語を共有する囚人たちのもとへと回帰することを含意している。そして、自由と閑暇に献身する哲学者についての描写によれば（『テアイテトス』一七二c－一七七c）、哲学者がこうして他の人間と遭遇することは、不正という試練をこうむることにつながる。最初の閑暇は、実在を前にして驚くように――そしてその結果、思考するように――われわれを導くが、第二の閑暇は、悪を前にして憤りを覚えるように――そしてその結果、裁定するように――われわれを駆り立てる。過剰なまでの実在の現前に直面しておこる知性的動揺に対応するのが、侮辱的なまでに正義が不在であることを前にしておこる道義的動揺である。

　驚きは実在を試すもの――つまり、実在が有ると驚くこと――であり、憤りは善を試すもの――つまり善がないと憤ること――であるからには、魂はその構造において、現実を試す相補的な試金石を二つもっていることになる。魂は、驚くことで実在を前に立ち上がり、憤慨することで悪に面と向かって反旗を翻すのである。しかも、いずれの場合も方向転換をしながら。そして、どんな方向転換も、さまざまな出来事の推移から人をむりやり引き離すがゆえに、突如としておこるものである。プラトンの対話篇を読めば、ト・エクサイプネース（τὸ ἐξαίφνης たちまちに）という語の頻繁な出現には意味があるとわかる。この語は、「外に《エクス》」（ἐξ）と「突然に《アイプネース》」（αἴφνης）という二つの副詞からなっており、それは、時間における唐突な切断と外部から不意に現われる突発的なひらめきを意味する。魂がその驚きの対象を——あるいはその憤りの対象を——突如として発見するちょうどそのとき、探究の転換点で魂が自分自身から引き離されるという事態が生じるのである。

ほとんど把捉困難なこの観念が、『パルメニデス』の有名な一節（一五六c‐一五七e）で分析されている。有と一のさまざまな関係について考察したパルメニデスは次のような結論を下す。すなわち、有と無のあいだで揺れ動き、一であると同時に多でもあるものは、変化と永続のあいだで、どんな持続ももたない「たちまち〔瞬間〕」というこの点のうちにおいて婉曲的にとらえられるものである。「たちまち」が思いもかけない仕方で現われる『パルメニデス』のこの第三前提を、プロクロスとダマスキオスに代表される新プラトン主義者たちは、魂の本質と同じものと見なしている。魂が謎に直面したとき、驚嘆しながら実在を思い起こし、そして、魂が不正と対峙したとき、憤りながら善を思い起こすことによって、経験の連続性のなかに二重の断絶が確立される。だから、驚きと憤りは、どちらもエクサイプネース（「たちまち」）を試すものである。つまり、一方は瞬間的にわれわれを実在へと向かわせ、もう一方は悪からわれわれをたちまちに引き離す。まさしく、魂を宇宙世界に同調させる存在論的なものとしての眩惑と、魂を人間に同調させる倫理的なものとしての眩惑という二重の眩惑があるのだ。想起というプラトンの前提〔仮設〕がもつ自明の意味とはそのようなものである。想起とは、魂が真理および善との本質的な類縁性を回復することを意味している。『第七書簡』はわれわれに謎の真意を教えてくれる。他のすべての学問知識とははっきりと異なっていて、善を通じて、あるいは実在を通じてアプローチされる哲学の本性とは何か。「この知の素材自体である当のものと繰り返し交渉をもつことの結果として、そして、その素材とともにあることの結果として、突如として（ἐξαίφνης）、飛び火によって燈火が点るように、この知は魂のなかに生まれ、そしてそれ以後はまったくそれ自身だけでみずからを養い育てていく」（三四一c-d）。

まさにこの驚きと憤りという二重の試金石を基盤にして、人びとは世界に生まれ出る。プラトンによれば、これが人間の運命であり定めなのである。ひとつの古代ギリシア語がその普遍的な意味をこのようなパトスの必然性に与えている。それはネメサエイン（νεμεσάειν 憤りを覚える）という動詞で、『法律』で一度だけではあるが重要な意味をもって現われる。すなわち、国の老人たちは「孤児の淋しい境遇にあるこの孫たちにひどい仕打ちをなす者には、とくに激しい憤りを示す《ネメソーシン》」（第一一巻、九二七c）。なぜなら、彼ら老人は、このうえなく神聖な預かりものが問題になっていると考えているからである。動詞ネメサエイン（νεμεσάειν）は名詞へー・ネメシス（ἡ νέμεσις）、——各人に運命を配する役目の宇宙的女神が与える報復を意味する——と結びついている。この女神は人びとの運命の配分を混乱させる過剰な幸運や過剰な傲慢に罰を下す。女神ネメシスの憤りが、違法を前にして生まれるのであれば、ギリシア語が、「法」を意味するノモス（νόμος）と、「法にかなった配分」であるネメシス（νέμεσις）と、法をものともしない輩の不正な行為に憤りを覚える《ネメサエイン》「配分の女神」であるネメシス（Νέμεσις）を当然のように関連づけているのもわかる。

「正義女神ディケーの使者」である女神ネメシスは、人間たちの言葉に目を光らせ、それが度を過ごせばふさわしい罰によって処罰する権能を有している(『法律』第四巻、七一七d)。同じ個所では、神々の命令を踏みにじる連中に罰が課せられるのをよしとする決定的な宣告が述べられている。至高なる神ゼウスは、「存在するすべてのものの初めと中間と終わりをその手に保持」しており、宇宙《コスモス》の回転を正しく統御する。この神に従っているのが、「神の掟をないがしろにする者たちを罰することにより、復讐を果たす正義女神ディケー」である(七一五e-七一六a)。その結果、法に対する侮辱は、それが万有の秩序を乱すものである以上、人間に対して為された侮辱であるだけでなく、神々に対する侮辱でもある。天地において万物の〈法〉と〈配分〉を表明するノモスと、人間たちの不当な振る舞いに憤りを覚える正義の女神ネメシスは結びついているのである。

プラトンもまた、みずからの人生の黄昏時に、その時代の人びとのうちで最良の人物に国家が課した運命がいかに不正なものであったかを思うときに、憤りを覚えるだろう。師を劇的な事件が襲ったとき自分は蚊帳の外におかれていたのだと感じ、そしてまた、自分はソクラテスのもっていた自信をどこまでも共有していたわけではなかったのだと知るだろう。だからこそ、彼はソクラテスの信頼に対して二重に背かなければならなくなる。つまり、ソクラテスの臨終の場に立ち会わないこと、そして書物を著して自分が希望を捨てない理由を説明するということ。だからプラトンは、パイドンに友人の一人の求めに応じて語らせているように、知者ソクラテスの最後の日に牢獄のなかにはいないだろう。ソクラテスは、自分が存在の神秘にさらされていることを各人に思い起こさせようと、臆することなくひとり彼岸に赴いてゆく——こうしたイメージを作り上げるために、プラトンはソクラテスの死の折に居合わせないことが必要だったのだ。つかの間のプラトンの不在がソクラテスの永遠の現前を明らかにする一方、哲学は陰刻のように知恵の痕跡を明かしている。

師が亡くなってのち、プラトンは公事から遠ざかることになる。彼が演壇に上ったとき、裁判官たちは罵声を浴びせてプラトンにそこから降りろときびしく命じた。冷厳な規則に従って、確かに賽は投げられていたのだ。光のほうへと引っ張って行かれることに初めのうちは「憤慨」(『国家』第七巻、五一五e)した洞窟の囚人は、この冷厳な規則を、上昇と下降の流れの中で発見することになろう。知者は上昇して神々に似たものとなる。この知者の上昇に、哲学者の降下が、鏡に映ったように呼応する。二つの動きのそれぞれは、影から光への、そして光から影への瞬間的な方向転換によって際立たせられる。プラトンの思考がわれわれのもとに降りてくるためには、ソクラテスの魂が天空へと昇っていかなければならなかったのである。

第二章　ロゴス――哲学的問答法

対話と神話のあいだに張り渡された哲学は、プラトン劇場で上演される話し言葉《パロール》と書き言葉《エクリチュール》との絡み合いから生じる。その場合、テクストという肉のなかの劇的な挿入節である原初の声は、『パイドン』のエピローグ〔ソクラテスの臨終場面〕を『パイドロス』の最後の物語〔文字を発明したエジプトの神テウトの物語〕に結びつける生あるいは死のしぐさにおいて、行為となる。無の危険に立ち向かうためにプラトンのなすべきことは、言説の危険を引き受けて、それをひとつの生き物のようにして生み出すこと、つまり、身体と頭と四肢だけではなく、声ももっている登場人物を作り出すということである。実在を口にするよりも先にロゴス〔理知〕がその影絵芝居においてやりたいと切に望んでいるのは、みずからが話し、世界という舞台で演じ、そして天空へと昇りながら〈万有〉に向かって発言することなのである。

ロゴス、エイドス〔形相〕、そしてコスモス〔宇宙〕へ向かう途上において、プラトンの劇作術は、多種多様なエピソードを通して、ソフィスト、詩人、あるいは職人を演出する。それらのエピソードでは、ドラマの主人公、そのドラマの上演場所、そして、そのドラマを演ずる登場人物は、ただひとつの目的、すなわち、「最も美しく、最も優れた人生の似姿《ミーメーシス》」、つまり本当に「最も真実な悲劇」〔『法律』第八巻、八一七b）たるものに至り着くのである。全対話篇において、ドラマの二人の子供を分離するミーメーシス（模倣）の連続的な構造が展開するのが見て取られる。この二人の子供とは、放蕩で落ち着きがなく、何の実りももたらさない書き言葉と、〈父〉のもとに立ち返った、節度のある、誠実で実り豊かな話し言葉であり、あるいはまた、演じ手による生の反復――そこではポーネー（声）はムネーメー（記憶）において分節化される――と、読み手による死の反復――そこではエイドス（形相）の相貌はグランマ（文字）の線のなかで硬直する――という子供である。

しかしテクストがあらわとなるのは、登場人物の声があつらえ向きの仮面に命を吹き込む場合だけである。書き言葉の従順さは欲求のるつぼのなかで姿を消すが、扱いにくい話し言葉は、語ることの時のなかで突如として意味を解き放つのだ。この語ることは、語られたことを越え、そしてそれより先、書かれたことを越える。語ることだけが、ロゴス（理知）、エイドス（形相）、コスモス（宇宙）、さらにまたギリシア人がノモス（法）の支配にゆだねていたポリス（国家）を、それらの生来の調和――ソクラテスがカリクレスに尊重するよう勧めたシュンポーニアー（協和）――において、一致させることができるのである。

Ⅰ　対話術

プラトンの対話篇はこれまでずいぶんと分類の試みの対象とされてきた。すなわち、弁論術的対話篇、教導的対話篇、神学的対話篇、解釈学的対話篇、記号論的対話篇、語用論的対話篇、などなど。ディオゲネス・ラエルティオス〔『ギリシア哲学者列伝』Ⅲ、四九〕は、教育に関わるタイプの教導的言説と、探究に関わるタイプの探究的言説とを対置して、この教導的言説を、観想に関わるものと行為に関わるものとに区分していた。そして観想に関わるものをさらに、自然に関わるものと論理に関わるものに区分し、行為に関わるもののほうは、これを倫理的なものと政治的なものとに区分していた。探究に関わる言説には、相手を訓練するための練習的なものと、競争相手と競うための競技的なものがある。練習的な言説には、助産的なものと力試し的なもの、すなわち、魂に出産させる言説と魂を説得する言説とがある。最後の競技的なものには、エンデイクティコンつまり明示的なものと、アナトレプティコンつまり論駁的なものがある。のちの新プラトン主義者が抽出に努めることになるのは、劇の構造、登場人物の役割、彼らの探究のテーマ、種々の文体、諸部分への区分、対話形式、そしてその形而上学的な意味、こうしたものを支配している諸原理である。現代の研究者は、プラトンの言説の可能条件を明らかにするために、とりとめのない戦略を次々と重ねながら、弁論術的、対話的、問答法的、意味論的、あるいは言語学的という種々のジャンル分けにさらに多くのものをつけ加えていった。

対話篇とは関わりのない格子状の解釈表ではなく、ホメロスについてアリスタルコスが述べた解釈の原理を範としたほうがより確実だと思える。つまりそれは、「プラトンによってプラトンを説明すべし」ということである。フランシス・ジャック（一九九〇年）が指摘していたように、プラトンの対話篇は数ある文学ジャンルのなかのひとつなのではない。それは、特有の「メタロジー」〔言説の超出〕というあり方を創始する。このメタロジーは、実在〔範型としてのイデア〕の規範に会話を従わせる高等技術によって、会話が実在に向かってみずからの限界を超出するかぎりにおいて、実質的な議論のなかで捉えられるべきものである。したがって、対話篇は三重の誠実さを運命づけられているのである。つまり、応え手の魂の誠実さ、哲学的問答法を心得ている者の魂の誠実さ、そして実在の真理の誠実さである。対話篇の導きの糸は、ソクラテスが「魂の世話」あるいは「配慮」（ἐπιμέλεια τῆς ψυχῆς）と呼んでいるものにつながっている。『カルミデス』が示しているところによると、善悪の起源は身体ではなく魂のうちにあるのであって、その結果、ザルモクシスという神が教えていたように、この全体の原理に配慮しなくてはならないのである。そして、ひとりの人間全体の健康を保証してくれるあの知恵を魂のなかに生まれさせるのは、美しい言説と美しい思考でできあがっている「唱えごと」によってである。ソクラテスは『アルキビアデスI』で再びこの魂の世話ということに立ち返り、人間とはそれぞれがその魂と同じものであり、その身体とも、魂と身体の合わさったものとも同じではないとみなす。なぜなら、「人間はその魂以外の何ものでもなく」、また、「魂こそが人間である」（ἡ ψυχή ἐστιν ἄνθρωπος）からだ（一三〇c）。

魂のこの優位が認められれば、結果として、ほかならぬ魂にこそたえず配慮しなければならないということになる。現にアルキビアデスに語りかけながらソクラテスがやっていることだが、自己自身を知りうるために魂にとって必要なのはひとつの魂に目を向け、ついで、この魂において、その最も卓越した所有物である知恵を見つめることである。知恵ほど神に似たものはないからには、魂は結局のところ、神に目を向けなければならないのである。なぜなら、神は人間的な事柄を映し出す最良の鏡なのだから。

したがって、対話を密かに導くのが魂であり、そして魂を通じて、よりいっそう密かに導くのが神である。魂の世話は、ソクラテスの対話において空とぼけ《エイローネイアー》を行使することと産婆術に訴えることを正当化する道徳原理なのである。「空とぼけ」――トラシュマコスは、プラトンがこの言葉を用いている唯一の個所で、これを見せかけの無知と解している（『国家』第一巻、三三七a）――が正当であるとする根拠は、それが真の知識のしるしであるという点に存している。空とぼけは、冷やかしというよりも、神の干渉の証しである。なぜなら、ソクラテスが問いを立てるときに聞こえるのは別の声だからである。神は偉大なる空とぼけ屋であり、プラトンにとって哲学は、神の問いを措定することが避けられないものであろう。ところで、まさにそのような問いかけによって魂は、それが孕んでいるものから解放される。そこでソクラテスは、母パイナレテが産婆術を心得ていたことをうまく利用して、女の産婆のように男の産婆も子は産めず、できることはただほかの者が出産するのを助けることだけだと述べる。先に見たように、ソクラテスの誕生においてすでに刻み込まれているこの比喩の根拠は、空とぼけの多産性も産婆術による分娩も神――言い換えれば、真理――と関係づけられている、という事実に由来する。だからソクラテスは、神が、私に産ませないようにして、分娩介助の役のほうをするように定め給うたのだよ、とテアイテトスに打ち明けて語るのである。というのも、真理の出産は神とソクラテスの共同作業でなくてはならないからである。真理がそれ自身の起源であるなら、人びとが交わす対話は、とりとめのないおしゃべりへと迷い込むような無駄な手続きではなく、実在によって方向づけられている哲学的問答術（ἡ τέχνη διαλεκτική，『パイドロス』二七六e）、あるいは哲学的問答法（ἡ διαλεκτικὴ μέθοδος，『国家』第七巻、五三三c）なのである。

そうすると、ソクラテスが裁判官たちを前にして行なった弁明も理解できる。それは、断じて挑発とか反抗といったものではない。たとえ法廷がソクラテスを、もう二度と哲学に従事しない――それによって彼は対話を哲学的問答法につなぎとめていた紐をほどくことになる――という条件で無罪放免してやろうという気になったとしても、彼はそのような取引を拒絶することであろう。彼は、自分を裁くアテナイの人びとよりむしろ、自分に指図する神に服するだろう（『ソクラテスの弁明』二九d）。年齢の老若や国の異同に関わりなく等しく人びとに向かって、「自分たちの名誉のことを気にかけてはならない。むしろ自分たちの魂をよりよくするよう配慮しなさい」と息の続くかぎり説き勧めるであろう。哲学者が自分には知識があるとうぬぼれることなく、そしてこの点で大多数の人びとと彼が異なっているならば、彼は自分に授けられたあの神命に忠実でありつづけている。その神命とはすなわち、放っておかれると空疎な言説のなかに踏み迷ってしまうようなそんな魂を確実に庇護しながら、真理に固くつながれた対話を存続させることである。哲学的問答法だけが、神助を得て、首尾よく人間の魂の世話をすることができる。

非難の矛先はアテナイ人だけでなく、ソフィストにも同様に向けられている。ソクラテスが、対話を打ち切りにしますよと言ってプロタゴラスやゴルギアスを威嚇するのは、彼らがソフィスト的説得（ἡ πειθώ）と哲学的論証（ἡ ἐπίδειξις）とを混同して「長広舌」（μακρολογία）を振るうからなのではない。問答家の問いとその対話相手の返答を論駁（ἔλεγχος）のなかへと引き込む「簡潔な話し方」（βραχυλογία）だけが、哲学的問答法を真理の庇護のもとにおくからである（『プロタゴラス』三三五b‐c）。とはいうものの、プラトンが、問いと返答を重ねるソクラテス的戯れを放棄して問答法的探究をたびたび中断し、そして対話全体をいったんストップさせてソフィストの言説以上に連続した言説をソクラテスあるいは他の代弁者に語らせていることにかわりはない。あたかも、哲学的問答法が、原初の話し言葉つまり神話の話し言葉――その語りは、論駁と同じく論証も受け容れるものではない――に立ち返ることでその力をよみがえらせる必要があるかのように、場違いにモノローグ（独白）がディアローグ（対話）に取って代わってはじまることになる。

II　神話が物語る隊列

『パイドロス』で語られる有翼の二頭の馬の神話は、おそらく他のすべての物語の母体となる神話だろう。その内実が豊かなわけは、プラトンの体系の四本柱をなす四つの理論——すなわち、魂の不死説、イデア論、想起説、そしてエロース（恋）論——が密接に絡み合っていることによる。この神話は、ソクラテスが恋の狂熱の分析から魂の不死の主張へと進むところで始まるが、予言、秘儀、文芸、そして恋という四種類の狂気（μανία）に充てられた話の大部分を占めている。プシューケー（魂）をめぐる問題は、ひとつの激しい感情である狂気を分析する最中に現われてくる。すなわち、魂が経験するさまざまな情態のその本性を考察しなくてはならないが、ところでこの魂は、自己自身の動の始源として、いかなる外的な動にも従わないがゆえに不死である、ということが証明される。なぜなら、もし魂が外的な動に従うとしたなら、この外的な動がなくなると魂は生命を奪われることになってしまうだろうからである。むしろ魂は、始源であるがゆえに不生であり、無から生じることもありえなければ、同様にして無へと帰することもありえない。われわれは、そののちもプラトンの終始一貫した教えとなる、自律的な動の力として現われる魂の「本性」（φύσις）から出発した。そしてわれわれは、自己自身を動かす始源は不死であるというその「定義」（λόγος）によって表わされる魂の「本質」（οὐσία）へと到達する（二四五e）。もしも魂が運動をやめるようなことがあれば、それは〈天空〉全体の崩壊を告げ、時間に最終的な終止符を打つこととなるだろう。

ソクラテスは、魂が従うモデルを起点に魂の真の相《すがた》を説明するとき、ある決定的な断絶を達成する。われわれは定義の領域から出て「似像」（εἰκών）の領域に接近する。なぜなら、ものの真の相を純粋に把握するなどというのは、人間わざを超えた論述によるものだろうからである。したがって、哲学的問答法のあとを引き継いで神話が魂の「本来の相《イデアー》」――魂の動的「本性」はこれに従っている――を造形的に提示する。魂は、ひとりの馭者が手綱を取る二頭の馬がつながれた有翼の馬車に似ている。神々の魂はすべて善きものであるのに対して、人間の魂はそれを構成する要素が明らかに不調和なためにそうはいかない。白い馬は率直な本性をもっており、理知を象徴する馭者の命令に従う。黒い馬は、その欲望の暴慢（ὕβρις）に衝き動かされるままになり、劣った魂が〈天界〉の頂点まで昇りつめるのを許さない。なぜなら、こちらの馬は御しがたく、つねに〈大地〉へと向かう傾向があるからである。

　ホメロスから借用された有翼の馬車馬のイメージは、天界をめぐるこの神話のなかで次の三つの機能を果たしている。

――それは、魂の三区分説を宇宙世界という形のもとで確立する。

――それは、人間と神々との共同関係を強化する。

――それは、魂、世界、そして、至高なる〈諸形相〉――これらへと魂の道程あるいは知識の円環は本性的に方向づけられている――の本質的な共同関係を解明する。

魂、実在、そして知識のこの共同関係の原理は、二四六ｂ‐ｃで次のように表明されている。「魂は全体として、魂なきものの全体を配慮し（ἐπιμελεῖται）、時に応じて姿を変えながら、宇宙全体をめぐり歩く。ところで、魂が完全で、翼を備えている場合には、高みへと進みゆき、全宇宙を支配する」

　先頭をきって進んでゆくのはゼウスで、司令官が自分の軍隊を率いるように神々とダイモーンたちを観想《テオーリアー》へと導いていく。神の軍勢は、アテナイの〈一二神の祭壇〉に描かれたグループに従って一二の小隊に編成されるのではなく、一一の小隊に編成されている。「なぜなら、女神ヘスティアーは神々の住まいにただひとりで残っているからである」（二四七a）。ヘスティアーを囲んで、神々の合唱隊とそれに従うダイモーンたちが同心円を描きながら回転運動を行なっている。恒星と惑星の天球の運動を想起させる宇宙の壮大なバレエが繰り広げられるのを目の当たりにすることができる。天球の内側では、おのおのの神が〈万有〉の秩序に応じてめぐり歩く。それこそは正義（δίκη）の原理そのものである。星々のちりばめられた穹窿へと昇ってゆく段になると、不死なる者たる神々の魂は、馬たちの釣り合いがとれているのでやすやすと進んでゆくが、死すべき者たる人間たちの魂にとっては、世界の頂点へと到り着くのは至難の業である。ヘスティアー——宇宙《コスモス》世界の中心にあって動かず、〈大地〉にそびえるオリュンポス山の頂と一体化している——を基軸として天の機巧が転回している。

ここではヘスティアーの宗教的形象が注目すべき変容をこうむっており、それはプラトンによる実有優先を如実に物語るものである。魂は、天球を支える穹窿のきわまるところにたどり着くと、天球の外側に出てその背斜面に立って、天球の神的な回転運動によってめぐり運ばれる。魂は、そのおかげで天の外側の舞台を観想することができるのである。「真理の野」といわれる天のかなたのこの領域には「牧場」が見えるが、そこに姿を現わすのは、もはやヘスティアーではなく、ウーシアー、すなわち「真の意味において有る」ところの、「ものの実有」である（『パイドロス』二四七c）。この実有を観想しうるのは、それを糧とする魂のみであり、魂にあっては、その導き手たる知性のみなのである。ヘスティアーからウーシアーへの横滑りは、プラトンに特有の戦略の一環である。『クラテュロス』でこれら二つの言葉は、語源学と宗教的犠牲の儀式を手がかりに同じものと見なされている。なぜなら、ある人びとが、「事物の「実有《ウーシアー》」をその「竈《ヘスティアー》」と呼ぶのは、事物の「実有《ウーシアー》」に与るものを「竈《ヘスティアー》」とわれわれが呼んでいるのと同じく」正しいことだからである（『クラテュロス』四〇一c）。ヘスティアーからウーシアーへと移行し、天の隊列が終わり、そして天外の世界の観想が始まると同時に、われわれは神話の領域に別れを告げて哲学的問答法の領域へと入っていく。この形而上学的な場の転位は神話の言語において明らかになる。この神話の言語により、ヘスティアーという「形象」（εἰκών）で宇宙の竈を指示《モンストラシオン》することは、ウーシアーという「相貌」（εἶδος）において論理的「実有」を論証《デモンストラシオン》することに密かに水を注いで潤し続けている。知性が首尾よく〈真理の野〉を観照するには、実在の造形的形象化というプシューカゴーギアー（魂の誘導）を経なければならない。フッサールの用語で説明すると、われわれは、知の円環を形相的に還元したのちに、純粋な実有の領域に到達できるということである。なぜなら、その領域は生活世界つまり魂の世界の上に築かれているからであり、また、科学の論証にもかかわらず〈大地〉たるヘスティアーは不動だからである。

　魂が〈真理の野〉を観想しようと天の穹窿の縁で立ち上がるとき、魂は、〈正義〉、〈節制〉、〈知識〉（これは生成流転とは関わりのない、真実在と結びついた知識である）、〈美〉そして〈思慮〉という異なる五つの形をとって現われる至高なるウーシアーを目にする（『パイドロス』二四七d‐二五〇d）。プラトンにおいて五つのイデアが列挙されるのはここだけではない。「等しさ」、「美」、「善」、「正しさ」そして「敬虔」が、「それ自体として有るもの」の例としてソクラテスによって挙げられている『パイドン』（七五c）がこれと比較されよう。同様にしてソクラテスは、どのように魂がみずからと類縁的な神の軍勢に従ってその秘儀伝授を果たすのかを示すために、魂の軍隊に先立つ一一の神々のなかで、最初の五柱の神の行列を記述することに決める。世界の円形劇場で、先頭を切って進み出るのがゼウスの合唱隊で、そのあとにアレス、ディオニュソス、ヘラ、そしてアポロンの合唱隊が続く(『パイドロス』二五二c‐二五三b)。神々の各合唱隊の内部で、ほかの魂は、可能なかぎり完璧に自分たちの神を模倣する合唱隊員のように、円を描いて転回を行なうのである。

Ⅲ　哲学的問答法のプロセス

囚人が話を交わすために仲間たちのなかに戻っていくように、われわれは対話に戻ることができる。しかし、その対話はもはや以前と同じものとはいかなくなるだろう。初期の対話篇では、問いを発しそして答える技術であると理解されていた哲学的問答法は、もはや問答する当事者のあいだの曖昧な一致から始まるのではなく概念の厳格な一致を始点とし、知性によって捉えられる実在の把握に特化された方法となる。ちょうど、洞窟の囚人が突然すっくと立ち上がり、横たわる連中をまたぎ越していくように、探究の基軸は、突如、水平方向にあったものが鉛直方向のものへと取って代わる。そして、臆断への隷属に抗して、知識によって支配しようという動きが起こる。以後、合理的方法として哲学的問答法（τέχνη διαλεκτική）は、魂全体を動かしてそれに本来の律動を与え、真理の探究の道（μέθοδος）に就かせる。哲学的問答法を心得た者は、感覚的な諸規定から解き放たれ、ただ理知だけを用いて、それぞれの事物の実有へと、そしてさらにその先の善そのものの実有へと昇りつめるそのときに、「目に見える世界の究極に囚人が至るように、思惟される世界の究極に至る」（『国家』第七巻、五三二b）のである。ソクラテスは思考の道というイメージを強化するために、ためらうことなく「哲学的問答法の旅路」（διαλεκτική πορεία）について語るが、それほどに洞窟の外への旅は哲学者的な思考の歩み方をたえず要請しつづけるのである。哲学的問答法のこの「旅路」は、のちに『法律』七九九dで、対話をかわす三人の中心人物がクノッソスからゼウスの生まれ育ったと伝えられる洞窟へと至る道を歩んでいる場面で再び見出されることになる。

逆説的ではあるが、哲学的問答法は、論理的な厳格さを標榜するものでありながら、地下から太陽を目指して昇り、その後、再び影たちのもとへと下り戻っていくという物語《ミュートス》のイメージのなかにその足跡を刻み込んでいる。しかもソクラテスが対話に立ち返って哲学的問答法の二つのルールを規定するのは、まさしく有翼の馬の神話を物語ったあとなのである。そのルールとはまず、経験の対象である多くの事物について、それらを秩序づける単一の相《すがた》へと帰着させなくてはならないということ。この「総合」の手続きとは結局、「多様に散らばっているものを総観して、これをただひとつの本質的な相《イデアー》（μία ἰδέα）へとまとめることであり、これは、人がそれぞれの場合に教えようと思うものを、ひとつひとつ定義して、そのものを明白にするのに役立つ」。そして「分割」の手続きとは、これと反対の方向として、「ただひとつの実有を、自然本来の分節に従って、そのいかなる部分も断ち切ろうと試みることなく、さまざまの種《エイドス》に即して（κατ᾽ εἴδη）分割することができる」ことである（『パイドロス』二六五ｄ‐ｅ）。ソクラテスはこれより少し前にすでに分割の手続きを実践していた。そこでは、予言術における霊感とも神秘的霊感とも、はたまた詩的霊感とも区別される哲学的エロース（恋）の特殊性を首尾よく捉えるために、狂気がもつ二つの形、つまり人間的な病によって生じる狂気を左側に、神懸かりによる狂気を右側にそれぞれ切り分けて区別していたのである。ソクラテスは、哲学者の言説と思考を可能にする「分割」（διαίρεσις）と「総合」（συναγωγή）というこれらの方法を恋人のように大切にしているのだと認める。このように哲学的問答法は、話し言葉の分節化を命じる上方の光によって思考が照射されるやいなや動き出す思考運動にほかならないのである。ちょうど縛《いまし》めから抜け出すことができず、またその話し言葉が影たちに束縛されている囚人のように、哲学的問答法を身につけていないと、光のないうつろな「魂の目」（τὸ τῆς ψυχῆς ὄμμα）は、「異邦の泥土に」（ἐν βορβόρῳ βαρβαρικῷ,『国家』五三三ｄ）埋もれたままとなる。

上方へと進み、そして下方へと下る哲学的問答法は、囚人が上に昇り、そして下へ降りていくのにぴったりと対応している。われわれはまだ、どのような呼びかけが、人間存在の円環を形成するこれら二つの契機に作用するのか知らない。囚人は突然その縛《いまし》めをほどかれて、むりやりに高所へと引き出されるが、この解放の起源がいったいどこにあるのかについてソクラテスは曖昧な態度をとり続けていた。哲学的問答法というプラトンの構想の神髄が表現されている『国家』第六巻と七巻でソクラテスは、分析と総合という手続き上の技術に還元されない方法の起源を明らかにしている。ソクラテスは、勇気や正義といった諸々の徳を知るためには、「長い回り道」（μακροτέρα περίοδος）が不可欠であると主張する一方で（『国家』五〇四b‐d）、徳よりも重要な、「最高の学問」（μέγιστον μάθημα）に属するものがあると主張する（五〇五a）。この学問とは哲学的問答法にほかならないだろう。それは魂を高みへと引き上げる思考方式だからである。そしていきなりこれが目指す目的は「善の実相《イデア》」（ἡ τοῦ ἀγαθοῦ ἰδέα）だと述べられる。すべての魂は、この善が何なのか正確には知らないで、衝き動かされるままにこれを探究する。われわれが知っているのは、欠如していること――これによって欲求はかきたてられる――を通して現前している善が、魂の運動の原理として魂を駆り立てるものだということだけである。善がその探究の対象であるからこそ魂は、天の回転運動のなかへと運ばれていく有翼の馬のように、休むことなく世界中を経巡ってこれを追い求めるのである。哲学的問答法を心得た者もまた、分割と総合を交互に行なうことで満足することはなく、知識の全体を、知識相互の関係、そして知識と実在の本性との関係において首尾よく一望のもとに収めることができる。哲学的問答法の心得のある者だけが、「総合的な視力」（五三七c）をもつことができ、事物に向かうと、この視力によってその本質的な内的連繫をたちまちにして把握するのである。

ところで、パルメニデスが若きソクラテスの返答の鋭敏さのうちに認めたように、哲学的問答法の心得のある者を高次の論拠《ロゴス》へと（ἐπὶ τοὺς λόγους）高く連れゆくこの「美しく神神しくもある突進の意気込み」は、魂の本性的な運動以外の何ものでもない。それは、通常の会話から切り離された内的言論において哲学的問答法の諸局面を展開する、そうした逆説的な思考の形を取って現われる。『テアイテトス』では、

「思考する」(διανοεῖσθαι)という行為が初めて定義され、それは「別な人の前で口に出してというのではけっしてなく、沈黙のうちに自分自身を相手に述べられる言論《ロゴス》(λόγος)」(一九〇a)であるとされている。プラトンは、それ自体が回り道であり、長い回り道ですらあるこの内的な言論を、多少とも速さをともなう一連の作業、すなわち、問いかけたり答えたり、肯定したり否定したりして、最終的に魂を導いて決定させる、つまりその裁定を宣告させる問答作業と同じものと見なしている。これが、結果として魂につねに思考をもたらす知の永続的運動なのである。思考すること《ディアノエイスタイ》は、対話《ディアローグ》に存している哲学的問答法《ディアレクティック》の緊張を、魂を通して伝達する。分割を意味する「ディア」(δια-)という接頭辞はまた、一定の総体を時間的な意味で貫いている媒介も意味しているのである。このように継起ということを強調する「思考」は、時間のなかで順々に展開するような魂の固有の律動なのである。この定義は、『ソピステス』(二六三e)においても次のようにもっと厳密な言葉で補強されることになる。つまり、「思考(διάνοια)と言論(λόγος)とは同じものである。違う点はただ、一方は魂のうちにおいて音声を伴わずに、魂自身を相手に行なわれる対話であって、これがわれわれによってまさにこの「思考」という名で呼ばれるに至ったのだ」。『ピレボス』(三八e)では、人がひとりきりの場合、「歩きながら、自分自身のなかに保持しているこの同じ考えを、自分相手に、時には長い時間にわたって繰り返し語りつづける」、そのような言説が再び持ち出されてくることになる。魂は、黙って自分の姿を自分自身の鏡に映して見るとき、ギリシア語のテオーリアー(θεωρία)ということばが表わす「観想」という至高の行為へとディアノイア(思考)の媒介によって辿り着こうとして、『パイドロス』でのあの馬車の回遊を繰り返しているのである。

ある系統図がプラトンの哲学的問答法の進行を操っている。探究の対象である〈善〉の在処を見極めるために、ソクラテスは太陽を〈善〉の子供にたとえ、太陽と善それぞれの系統《リニエ》の類比を展開する。感覚によって知られる太陽の系統と知性によって知られる〈善〉の系統とがどう関係しているのか対話相手が理解できたところで、ソクラテスは次に線分《リーニュ》の範型《パラダイム》という第二の例を出す。この例により、相似たサイクルをもつ存在の諸階梯と知識の諸階層との類比は確固たるものとなる。そして最後に洞窟の物語《ミュートス》が加わってきて、これによって、先に出ていた類比すべての形式上の一致が確定されることになる。その意味で、〈善〉の類比と線分の範型は、ソクラテス的なアプローチ全体の掉尾を飾るミュトス的な説明にそなえた当然の準備作業のように見えるのである。

目で見ることのできる世界とできない世界の対応は、相次ぐ二つの分割に基礎をおいているが、この二つの分割によって五つの元からなる系列が二組できあがることになる。第一の分割は知識の三つの条件を明らかにするものである。「視る感覚」が「視覚対象」を把握しうるには、第三のものである「光」を導入する必要がある。だが、視覚のこの三元構造はそれだけではまだ作用しない。これに運動を与えるため、第二の分割は、視覚の原因と可視的対象の原因を明らかにする。すなわち太陽と、この黄金の鎖のもう一端にあって太陽と類縁性をもつ目である。したがって、目、視る感覚、光、視覚対象、そして太陽という五つの要因が視覚の成立過程を秩序づけていることになる。この階梯を知性的世界に適用すれば知識の成立過程が得られる。すなわち、「〈善〉の実相《イデア》」という認識原因により、「魂の目」は、「真理と実在」の光を受けて行使されるその「知性的思考」を働かせることで「知性的対象」を把握する（五〇八d - e）。このときソクラテスは彼の論証をこう締めくくっている。

「ぼくが〈善〉の子供と言っていたのは、この太陽のことなのだ。〈善〉はこれを、まさに自分自身と類比的な関係にあるものとして生み出したのだ。すなわち、知性によって知られる世界において、〈善〉が〈知るもの（知性）〉と〈知られるもの（知性的対象）〉に対してもつ関係は、見られる世界において、太陽が〈見るもの（視覚）〉と〈見られるもの（視覚対象）〉に対してもつ関係とちょうど同じなのだ」（『国家』五〇八b - c）。

太陽と〈善〉の系統上の親子関係は、水平方向においてと同様に垂直方向においても読みとることができる。感覚的対象と知性的対象の類比――身体の目が魂の目に対する関係は、視覚が知性に対する関係、光が真理に対する関係、視覚対象が知性的形相に対する関係、そして太陽が〈善〉に対する関係と同じである――は、無制約者のもとに吊り下げられた認識の諸条件の階層的秩序を再現する。つまり、身体の目が光に照らされてものを見る場合に視覚対象が太陽に対してもっている関係は、魂の目が真理に照らされて知性的思考をなす場合に知性的形相が〈善〉に対してもっている関係と等しいのである。

それからソクラテスは、この図式を線分の範型に従って転位させることにより――ただしそれはここ

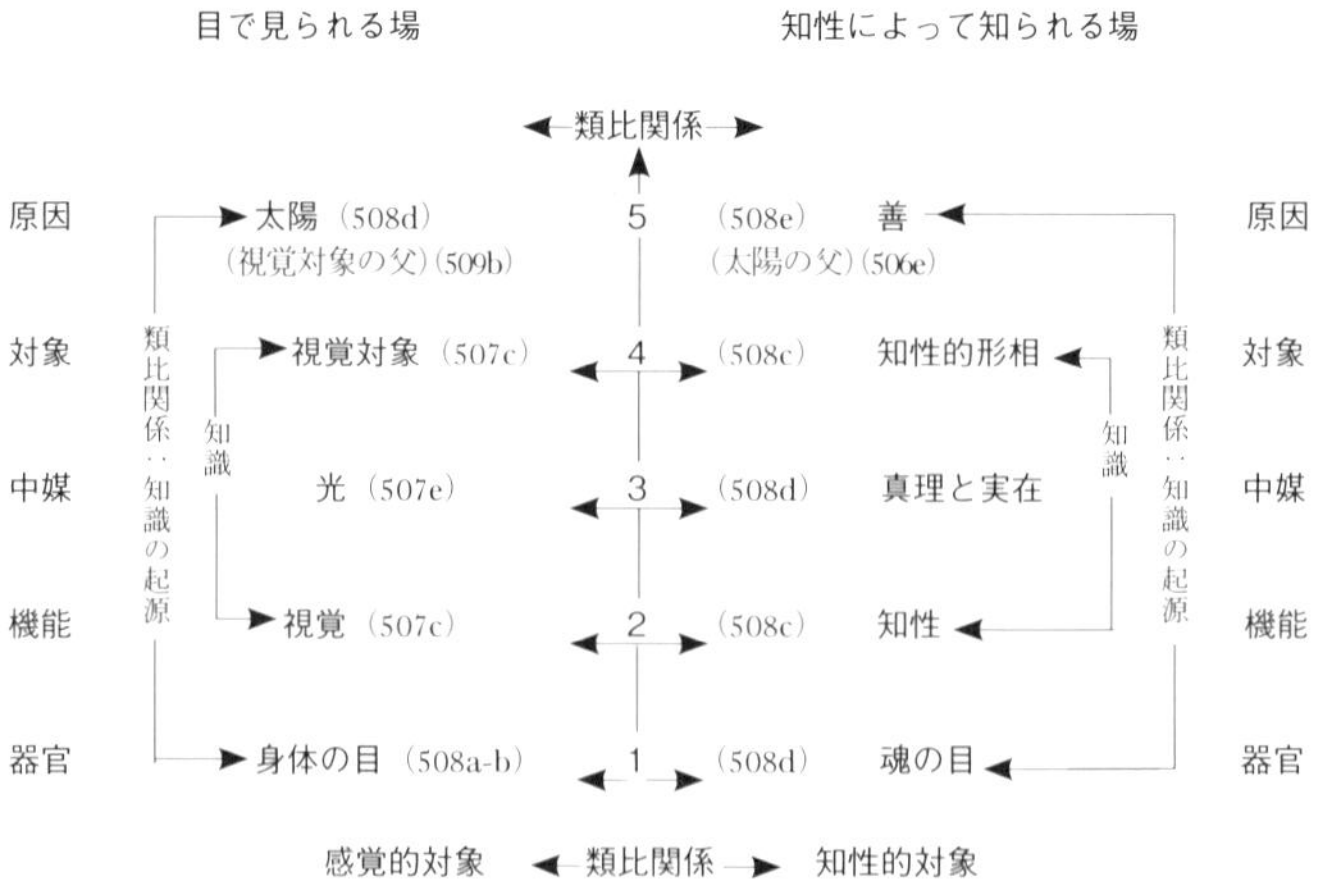

までの構造上の類比に変更を加えるものではない――存在の諸階梯と知識の諸様相に適用する。感覚的対象の最初の四要因（目、視る感覚、光、視覚対象）は、「見られる種族」（五〇九d）の最初の二つの階梯に縮小される。そしてこの二つの階梯の上に築かれることになるのが「知性によって知られる場」の上位二つの階梯である。こちらのほうは、知性的対象の最初の四要因（魂の目、知性、真理、形相）を縮小したものである。〈善〉の類比における四階層はこのあとただひとつの系――ただ一本だけの線分であり一つだけの系統である――のうちに基礎づけられる。この系ではその上位部分が下位部分を支配している。この際にプラトンは、洞窟のイメージを予告する光と闇のグラデーションに従って、感覚的対象と知性的対象、つまりは全存在を一列に並べる。これは二つの不等部分に分けられた直線で、それぞれの部分もまた同じ比率で不等部分に分けられている。こう

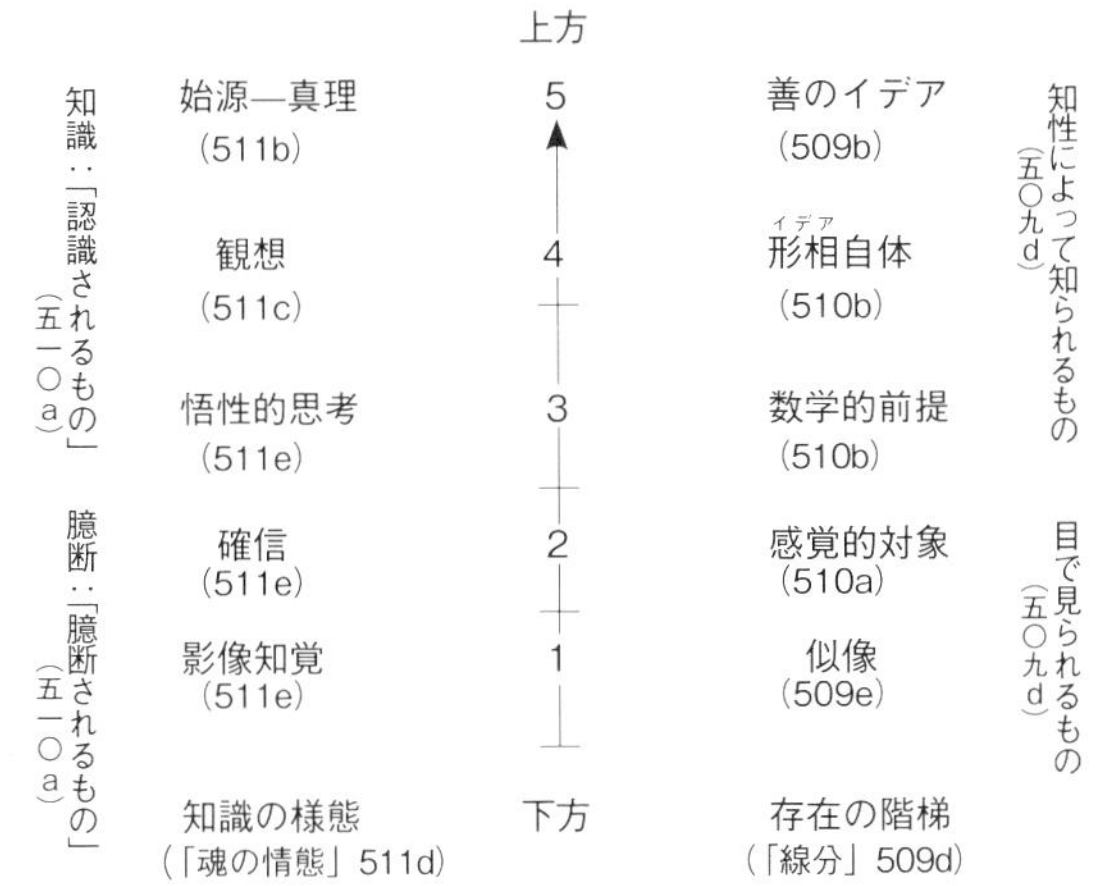

して垂線上には次のように階層化された知の四様態——二つで一組の様態が二組——が得られる。

——視覚対象については、下位の臆断（δόξα）の組、つまり映像知覚（εἰκασία）と感覚的確信（πίστις）。

——知性的対象については、知識（ἐπιστήμη）という上位の組、つまり悟性的思考（διάνοια）と観想（θεωρία）。

知のこれら四様態は「魂の四つの情態（παθήματα）」（五一一d）に固有のものであり、次のように、存在の四つの段階に正確に対応している。

——下位の視覚対象の組、すなわち似像ないし見かけだけの像（εἰκόνες/φαντάσματα）と生物（τὰ ζῷα）および製作されたもの。

——上位の知性的対象の組、すなわち数学的前提（ἐξ ὑποθέσεων）とイデア（εἴδεσι）。

したがって、存在はつねに「これら二つの相貌《エイドス》」（ταῦτα διττὰ εἴδη, 五〇九d四）——そのうちの感覚的対象は、もう一方の知性的対象の反影である——のもとに現われるのである。しかしこれらの相貌の輪郭がほんとうの意味ではっきりしてくるのは、世界の姿をそっくりそのまま具現している洞窟のただなかにおいてのみである。ソクラテスの問答法的なアプローチが三つの段階を踏んで進展していること——〈善〉の類比、線分の範型、洞窟の物語——は、象徴的なものであれ（系統）、数学的なものであれ（線分）、類比を利用することだけでは、見えるものと見えないものとの対応関係を把握するのには充分でないのだと思わせる。唯一、洞窟の物語だけは、洞窟のもつ生成力によって現前させられた存在の全般的配置を思い起こさせるのに成功する。地下の影は、写しと幻影——これらは線分の類比での似像（εἰκόνες）と影像知覚（εἰκασία）に対応している——が囚人たちの前に投影されて動いているものである。洞窟の奥壁に投影されて、動きまわり音をたてる像の、そのもとのものである操り人形とともに、ひとはそれらの反影像と反響音を越えて感覚的対象の階層に到達する。すなわち、確信（πίστις）は、安定した像を欠く臆断の世界で生物を対象とする。洞窟から出ると、ひとは実在する諸対象に関する知識を獲得する。それらは光によって輪郭が掘り刻まれており、幾何学の図形に、そして線分の類比で悟性的思考（διάνοια）の足がかりとなっている諸前提に、対応している。とはいえ、悟性的思考による推論は、前提を基礎づける原理を説明することは不可能であり、前提による論証の限定された結論に進むことを余儀なくされているので、不変の諸天体よりも高い位置にある実在を写した像を把握するにとどまる。知性的対象である天へと眼差しを投げかけるとき、囚人は完全にディアレクティケー（哲学的問答法）を解き放つ。ディアレクティケーはノエーシス（νόησις）という知性的直観により、高位の知性的対象

(νοητά)、すなわちこのアプローチ全体を秩序づけるもろもろの〈イデア〉そのものに到達するのである。

このとき魂が行き着くのは、テオーリアー(θεωρία)、つまり、目で見ることのできないものに対して「有るということ」(τὸ εἶναι)と「実在性」(τὴν οὐσίαν)を与える〈善〉という無前提の原理が照らし出す、至高なる観想なのである。ただし、〈善〉は実在とそのまま同じではなく、「実在のさらにかなたに超越してある(ἔτι ἐπέκεινα τῆς οὐσίας[……] ὑπερέχοντος)」(『国家』第六巻、五〇九b)。プラトンは「実在を超越して」(ὑπερέχοντος τῆς οὐσίας)と書くだけでもよかったのかもしれないだろうが、しかし彼は、ヒュペレケイン(ὑπερέχειν 超越する)という動詞を、冗語的なエペケイナ(ἐπέκεινα かなたに)で補強する。このとき、穿たれる高みにおいて「ヒュペル」(ὑπέρ)は「エピ」(ἐπί)によって倍加されることになる。ウーシアー(実在)を超越して(ヒュペル)所有すること、そしてウーシアーを、越えたところから(エピ)照らし出すこと、この二重の飛越にソクラテスの誇張《ヒュペルボレー》表現は由来する。ここでプラトンは、実在の高みのなかにさらに高位の高みを穿つことで、パスカルのように秩序を変更する。それは、〈善〉を深淵に置くことではなく、言うなれば頂上に置くことなのであり、〈善〉の並外れた《ヒュペルボリック》本性はそこにおいて露わとなる。

哲学のこの本来の道は、「教育」すなわちパイデイアー(『国家』五一四a)と関連づけられ、知識の円環を余すところなく尽くした基本的学科の入門修業を必要とする。予備的学習は、本曲自体の前奏曲、つまりここで哲学的問答法と同列におかれている音階論の前奏曲として、分類された諸学科グループに関係している。ソクラテスの細目列挙は、内的に結びついた四つの学科——算術、平面幾何学、立体幾何学、天文学——そして音階論に至りつく。これらは、学ぶのに五年を要する(『国家』五三九e)哲学的問答法という至高の音階論への備えとなるものである。われわれは、四つでひと組の予備的学問とひとつの究極的学問すなわち哲学的問答法とに直面している。この問答法についてソクラテスは黙して語らない。ちょうど、予備的段階の諸存在の上に張り出している〈善〉のイデアについて口をつぐんでいるのと同様に。

第三章　エイドス――イデア論

プラトンは、三階梯の存在を区別するのに、模倣つまりミーメーシスがもつ同じ三元構造を利用している。『イオン』では、詩人の考えを取り次ぐ者である吟誦詩人は、模倣者を模倣する者として現われる。なぜなら、詩人からしてすでに神々の意を取り次ぐ者だからである。したがって、吟誦詩人たちの語る言説は、あわてて継ぎ接ぎされた詩片をとりどりに寄せ集めたモザイクであって、鉄の指輪を次々と引き付けるヘラクレイアの石〔磁石〕さながらに、彼らは「取次人の取次人」にすぎないのである。『国家』は、それについての理論を、三種類の寝台の区別を起点に提示している。職人（デーミウールゴス）は思いのままにさまざまな存在を製作するわけではなく、創造という神の働きを体現する実在製作者（ピュトゥールゴス）あるいは神的製作者（テウールゴス）（『国家』第一〇巻、五九七b‐d）によって製作された先行モデルを複製するだけである。しかし職人は職人で、今度は自分のこの模倣品が、画家あるいは詩人、つまり、もとの寝台を一段劣った形で複製する影像製作者の介在によって模倣されているのを目の当たりにする。こうして、次のように互いに異なる三つの階層が不動の秩序に従って分節される。

感覚によって知られるもの	存在論的形態	模倣（ミーメーシス）
1 実在製作者（神）が製作したただ一つの寝台	1’ただ一つのイデア（可知的形相）	1”ただ一つの範型
2 デーミウールゴス（職人）が製作した寝台	2’似像としてのコピー（似像）	2”似像製作術《エイカステイケー》（第一のミーメーシス）
3 詩人（画家）が模倣した寝台	3’影像としてのコピー（見かけだけの像）	3”見かけだけの像を作る術《パンタスティケー》（第二のミーメーシス）

第一の種類の寝台だけが自然本性〔実在〕的なものである。なぜなら、この寝台はピュトゥールゴス（φυτουργός）——存在という庭園を管理する庭師ででもあるかのように、世界にさまざまなものを植え付ける神——によって創造されるからである。これに続く二つの寝台は人工的なものである。というのも、それらは二つの模倣形態、すなわち似像（εἰκών）という高次のミーメーシスと、影像（εἴδωλον）ないしは見かけだけの像（φάντασμα）という低次のミーメーシス——これらは『ソピステス』で、「似像製作術」と「見かけだけの像を作る術」という名のもとに区別されることになる——の影響下にあるからである。上にあるのが、オリジナルの、まさにそのもの自体としての製作物であり、中間にあるのがこのオリジナルを模倣したコピーであり、製作者はイデアを望見しながらこれを製作する。そして下にはこのコピーの複製、すなわちコピーのコピーがくる。影像は、起源に関わる鉛直的観点での似像の模倣

だけを行なっているわけではなく、派生を示す水平的観点での相互模倣を行なうのであり、そうしてアペイロン（無限）の世界――それが魅惑的なのは、その特徴が際限なく繰り返されることに起因する――を展開することになる。これはのちに、理想国家の似像である建国当初のアテナイと理想国家の見かけだけの像であるアトランティスの両者を、理想国家そのものと対置する『クリティアス』の教訓となろう。

I　想起

初期対話篇以降プラトンが努めてきたのは、理《ことわり》を欠いて型どおりの慣習と化した移ろいやすい臆断を超克して、本来の知識の対象を規定することである。『ヒッピアス（大）』で美が問題になろうが、『エウテュプロン』で敬虔が問題になろうが、『ラケス』で勇気が問題になろうが、あるいは『リュシス』では愛が取り上げられようが、そのたびにソクラテスが取りかかるのは、考察対象の「本質」の探究である。本質《ウーシアー》は、事物の多様な現われに還元されることはない。事物について「それは何であるか？」（τί ἐστι;）という単純な問いが立てられるとき、本質は、事物がそれ自体において何であるかを特徴づけるものである。問題なのは、すべての美しい事物、すべての敬虔な事物、あるいはすべての勇敢な事柄に共通の特徴であり、これを『エウテュプロン』は、事物がまさにそれのゆえにそのものである、その当の、

「ある単一の相《イデアー》」（μία τινὰ ἰδέα, 五d）あるいは「相《エイドス》そのもの」（αὐτὸ τὸ εἶδος, 六d）と呼んでいる。事物のウーシアーは、個別的対象に還元されえない、集合が有する普遍的特性であるその「エイドス」ないしは「イデアー」によって表現される。同じ語源（*weid- 見る）をもつ「エイドス」と「イデアー」という語はしばしば同一視され、一様に「形相」とか「イデア」と訳されている。しかし、これらの語の意味にはもっと微妙な差異がある。「エイドス」という語は、事物の「外観」、「形姿」、「相貌」あるいは「外見」（『プロタゴラス』三五二a）を意味する。これに対して「イデアー」という語は、対象の可視的外観を表わすが、その外観についての諸規定は、明確な形象を指し示す「エイドス」の規定ほどに明確ではない。プラトンは『テアイテトス』（一八四d）で魂をひとつの「イデアー」と語っているが、その理由は、魂の形姿が幾何学図形ほど明確に示されるものではないからである。〈善〉それ自体は「エイドス」とは呼ばれず、「イデアー」という語で呼ばれる。もし「ウーシアー」という語が、実在、つまり実体を特徴づけるものであるとすれば、「エイドス」は、実在が魂という「イデアー」に対して現われるときのその相貌を指し示す。魂は本来、想起によって魂に明示されるもろもろのイデアと類縁的関係にある。

ものの本質は、まずもってそのものに与えられる定義により示される。〔定義を意味する〕ロゴス（λόγος）、ホロス（ὅρος）、あるいはホリスモス（ὁρισμός）は、このように定義すべき対象を取り押さえる範囲を画定する地平（horizon）を思い起こさせる。さらに、ものの本質は、人間のエイドスがすべての人間存在において現前しているのが認められるように、可視的事物の類的様相たるエイドスとして現われるが、これと同様に、ちょうど正義のイデアのように、不可視のものの種的形姿たるイデアとしても本質は現われるのである。知識の問題を解決するために想起という前提〔仮設〕が提示されているのは、まさに、徳とは生まれつき備わっているものなのか、それとも獲得されるものなのか、という問いをテーマとする『メノン』においてである。そこでは、二つの難問《アポリアー》がソクラテスのゆく手をはばむ。つまり、探究されている対象の単一性に関わる難問（徳は、ちょうどひとつの巣に住む蜜蜂群のように一なのか、それとも徳のいわば分封群へと散っていくものなのか？）と、探究そのものの不可能性に関わる難問である。すなわち、ソフィスト的な論法でいくと、ひとは、すでに知っているものについても、それを知っている以上、探究することはありえないだろうし、知らないことについては、自分が何を探究すべきか知らない以上、やはりこれを探究することはありえないことになる。ソクラテスはここで、ゴルディオスの結び目を断ち切るがごとくに、難問を大胆に解決する。すなわち知の対象は、本当に知られていないのではなく、ただ忘れられているにすぎない。だから、教育とは思い起こさせることにある。

アナムネーシス（想起）という前提は二つの形而上学的要請を含んでいる。ひとつは、ひとが探究する事柄をあらかじめ知っているということ、そしてもうひとつは、魂が身体よりも先に存在しているということである。身体を与えられて現在の形をとるよりも前に魂は、自分がそれについての知を獲得することになっているその当の事柄にすでに出会ったことがあり、結果として、知るということは、事実上も権利上も、つねに再び知るということ〔再認〕なのである。だから魂は、再認をもろもろのイデアに負っているのであって、それは、与えられた正方形の二倍の面積をもつ正方形をどのようにしたら作図できるのかを、自分だけの努力によってようやく見つけ出すことができた若い召使いの例が示しているとおりである（『メノン』八一a‐八六c）。こうして、想起という前提は、もろもろのイデア――これらは、事物の存在論的かつ宇宙的骨組みをなしている――の前提を強いることになる。

「事物の本性というものは、その全体がすべてただひとつの家族をなしていて、しかもすべては例外なく魂によってすでに学ばれてしまっているのだから、そのかぎりで、もしわれわれが勇気をもち、探究に倦むことがないならば、ただひとつのことを想い起こすことで――まさにこのことをわれわれは「学ぶ」と呼んでいるわけだが――ほかのすべてのものも発見するということは充分にありうるのだ。つまりそれは結局のところ、探究するとか学ぶとかいうことが、全体として、想起すること（ἀνάμνησις）にほかならないからだ」（八一d）。

イデアの想起と魂の先在性という二つの前提の妥当性が最終的に確保されるのは『パイドン』においてである。それは、一つの賭け――そこで賭けられているのがソクラテスの死であるがゆえにそれだけいっそう悲劇的な賭けである――をこれらの前提の根拠にすることによってなされる。その賭けとは、魂の不死性への賭けであり、「冒される美しき危険」（καλὸς ὁ κίνδυνος,『パイドン』一一四d）であって、プラトンの哲学体系の要石となるものである。哲学に専心する人たちは、もっぱら死のことを気にかけなくてはならない。なぜなら死は、彼らの前に深淵を穿ちながら、彼らを促して不正に耐えさせ、別の生においてついに正義を知ることができるのだと期待させるからである。まさにそこにこそプラトン哲学の重大な転換点がある。イデア論は方法論的に見てもはや認識の条件ではない。それは以後、まずもって存在論的な意味で現実存在の選択であり、認識論的に見てさらに新たな側面すなわち知の至高対象という側面をもつのはあくまでもそのあとである。

プラトンの実在についての学説は、『パイドン』で、「二種類の存在者」（δύο εἴδη τῶν ὄντων, 七九a）、つまり可視的なものと不可視的なもののあいだに根本的な断絶（χωρισμός）を導入する。可視的なものは、倦むことを知らぬ時の流れのなかに絡め取られ、けっして同じものとしてとどまることはないが、不可視的なものは、自己同一性――魂もそれに与っている――をつねに保ち続ける。魂は、純粋に自己と適合一致することで自己自身と同一であり続けるものと親縁性をもつがゆえに、可視的なものよりも不可視的なもののほうにいっそう類似している。不可視的なもののこの身分規定が、知識にその安定性をもたらし、伝統的に「イデア界」と呼ばれているものを規定する。もっとも、それは「知性によって知られる場」（τόπος νοητός）と言わなければならないのではあるが。というのも、イデアは「世界《コスモス》」（κόσμος）を形成してはいないからである。さもなければ可視的な世界が倍加されることになってしまうだろう。イデアは、それぞれのものをその本質において明確にする特有の因果性の一形態を明示する。たとえばわれわれは、相互に等しい事物、小石、あるいは木切れの数を数えるとき、感覚で捉えられるすべての等しさに先立って存在し、等しい事物がもはや恒常のあり方を保たない場合でもそれ自体は恒常のあり方を保つ〈等〉のイデアというものを参照せざるをえない。魂が、事物を比較対照して相互に等しいと見なすよりも前に、すでに知っていた〈等しさ〉そのもの（αὐτὸ τὸ ἴσον）とは、このようなものなのである。というのも魂を織り成している諸形相は存在論的に見てより先なるものだからである。

プラトンはここで、否応なく生成に従わされる感覚的対象と、実在そしてそのかなたの〈善〉に背をもたせかけ〈善〉に照らされる知性的対象とのあいだに、乗り越えがたい深淵を穿つ。この深淵からはのちに超越的存在が生まれ出ることになる。至高の存在形式――そこに魂は属しており、だからこそ魂は不死でもある――は、イデアつまり形相という存在形式である。死を覚悟している人間の賭けとは、少なくともこのようなものである。なるほど確かに、この世界には美しいもの、善きものが数多くある。しかし、知識の秩序と魂の永続的行為とを正当化するためには、「美そのもの」（αὐτὸ καλόν）の存在、「善そのもの」（αὐτὸ ἀγαθόν）の存在、そして一般にあらゆるものについて、われわれが「まさにそれぞれであるところのもの」（ὅ ἔστιν）と呼ぶその「単一のイデア」（ἰδέα μία）（『国家』第六巻、五〇七b）の存在を、断固として主張しなければならない。想起という前提はイデアの前提を結果としてもたらし、そしてイデアの前提が今度は魂の不死の前提を導き入れて、これを証明した。冒すべき美しき危険は、哲学的問答法の道へと踏み入る者にとっては、認識に関わる危険というよりも存在自体の意味に関わる危険なのである。

Ⅱ　イデアの分有

『パルメニデス』という対話篇の決定的な問題は、感覚的対象による知性的対象の分有であれ、イデア相互間の分有であれ、いずれにせよ、分有（μέθεξις あるいは μετάληψις）という事柄に関わっている。

まず初めにパルメニデスは、イデアを感覚的世界から切り離されたものとして前提することで生じるさまざまな困難を指摘する。もし、それぞれのものに形相それ自体（εἶδος αὐτὸ καθ' αὑτό）があるなら、それは泥や汚物や髪といったようなつまらないものにもありうるのだろうか？　形相は、ちょうど光がそれに照らされているものに対して同一のままであるように、多なる事物において同一のままにとどまるのか、それともそれを分有するおのおのの事物の単数性に合わせて無限に細分化されるのか？　形相は、もしその全体が依然としてそれ自体においてあるなら、感覚的事物から切り離されることになろうし、もしその全体がそっくりそのまま感覚的事物に内在しているなら、形相は形相自身から切り離されることになるだろう。たとえばすべての大なる対象について認められる「大であること」が、それらの対象を総合し一括する一なるものとしてあるように、形相とは特定の集合を一括する一なるものなのか？　しかしその場合、のちにアリストテレスが「第三の人間論」〔たとえば『形而上学』第一巻、第一章九九〇b一七〕と呼ぶ次のような反論が出てくる。つまり、「大であること」と大なる諸対象とが大なるものとして同じであるということは、これら両者を同じ大なるものとして一括して結びつける形相――すなわち第三の形相――とこれら両者とが大なるものとして同じであることを含意することになり、そうしてそれは無限に続くことになる。このように、知性によって知られるものと感覚によって知られるものが類似しているということは、この両者にとっての範型となるはずのさらに高次の形相を出現させるのである。では形相とは、魂のうちで生み出され、そしてすべての考察対象に対応して同一である観念（νόημα）なのか？　この場合、観念はその対象と同一である以上、すべてが観念からなるか、あるいはすべては観念しないかのいずれかとなろう。それよりむしろ形相とは「範型」であり、感覚的事物はその写しではないのか？　しかし範型と写しのあいだには類似性があるだろうから、範型とその写しとがより高次の形相をまた新たに分有するということになるだろう。そしてこれも無限に背進する。以上の仮定はすべてが二重の結論に到達する。すなわち、知性的対象の領域と感覚的対象の領域とが根本的に異なっているのであれば、形相は人間にとって認識不能なものであるか、あるいは、唯一の知識をそれ自体において観想する神によっては人間的な事柄は知られないかのどちらかとなるだろう。

　これらの難問に打ち勝つためにパルメニデスは、より繊細な哲学的問答法を展開し、異なった角度から改めて問題を取り上げる。ある対象が存在するとし、この前提から何が帰結するかを推論するだけでは不充分なのである。さらに必要なのは、同じ対象が存在しないと想定したうえで、そこから出てくる新たな帰結を考察することである。以後、〈一〉なるものの存在をめぐって検討がなされ、そこから、〈一〉にとって、そしてそれ以外のものにとって何が帰結するのかが探究されることとなる。これについては、強勢がおかれるのが、〈一〉か有ることか、〈一〉かそれ以外のものか、それらの肯定か否定か、ということに応じて、当然、八つの可能性が与えられるところであろう。しかしプラトンが提示しているのは、実際には九つであり、つまり、最初の二つの前提が述べられたあとで、予告なく第三の前提が現われているのである。この奇妙な前提は、時に忌避されるほどに注釈者を狼狽させてきたが、新プラトン主義者、とりわけプロクロスとダマスキオスが認めたように、これは全体の構成にとって必要不可欠のものであるように思われるのである。

「もし一が有るなら」と想定する第一の前提（H1）は、有ることよりも手前に身を引いている、言い表わしようのない単一性を検討するものである。「もし一が有るなら」と想定する第二の前提（H2）は、問題の比重を「有ること」のほうにおき、〈一〉の影を薄くしている。一と有ること——今や全部で二であるが——をそれぞれ措定することにより、H1の否定的諸帰結と対称をなすH2の一連の肯定的諸帰結がもたらされる。もし〈一〉が、絶えずみずからを超越することで、〈多なるもの〉から抜け出すならば、いかにして第二の前提に移行すべきなのか？　もし〈二〉が無限に伝播するなら、どのようにして第一の前提の措定を説明すればよいのか？　そのとき第三の前提H3が、一閃の光のごとく「たちまちに《エクサイプネース》」（ἐξαίφνης、一五六d）介入し、前提の右側の道（有ることを相対的に措定）を左側の道（有ることを絶対的に措定）から切り離すことによって、〈一〉が〈多なるもの〉から、そして〈多なるもの〉が〈一〉からどのようにして突如姿を現わすのかということを明らかにする。H3は、自分以外の諸前提の順序をひっくり返し、その右側にH2、H4、H6、H8を、左側にH1、H5、H7、H9の各前提を連接させることで、これらの前提の一覧を秩序立てる。

〈一〉に関する四つの前提からなる奇数番号の道は、あらゆる多と相容れない〈単一性〉の道であり、他方、有ることに関する四つの前提からなる偶数番号の道は、有るものの分有を可能にする〈多数性〉の道である。エクサイプネース（ἐξαίφνης）とは、「動いているものが静止に変化し、静止しているものが動に変化するための到達点であり、始点」（一五六e）であるが、新プラトン主義者はこれを、単一性と多数性、肯定と否定、静止と動、時間と永遠として自らを現わす魂の本性であると解釈することとな

左側の道　　右側の道

H1: もし〈一〉が有るなら
→〈一〉は有らぬもの

H2 : もし一が有るなら
→〈一〉はあらゆるもの

H3 :「たちまち（ト・エクサイプネース）」
（τὸ ἐξαίφνης）:〈一〉は有り、そして、有らぬ
→あらゆるものであり、そして、いかなるものでもない

H5 : もし〈一〉が有るなら
→他のものは有らぬもの

H4 : もし一が有るなら
→他のものはあらゆるもの

H7 : もし〈一〉が有らぬなら
→〈一〉は有らぬもの

H6 : もし一が有らぬなら
→〈一〉はあらゆるもの

H9 : もし〈一〉が有らぬなら
→他のものは有らぬもの

H8 : もし一が有らぬなら
→他のものはあらゆるもの

る。魂は、一つの中心点を取り囲んで整然と並べられた〈一〉および〈有ること〉に関する前提——それらの前提を円環の形に配する中心点は前提に還元されることはない——を操作して織り上げる織機である。その結果、第三の前提を中心とする八つの前提の交差配列により、ちょうど天上での神々の隊列の中心点となっていたヘスティアーさながらに対立する諸前提の中心点となっている魂の構造が明らかにされる。われわれの前には、前提全体を規定する五元一体の図形がある。瞬間的思考という活動をなす魂の前提H3——それは対立する各前提の連関のなかにまったくもって不意に出現する——は、有ることについて肯定する前提群のネットワーク（H1、H2、H5、H4）と、有らぬことについて否定する前提群のネットワーク（H7、H6、H9、H8）の転轍機なのである。

以上二つの区分の結果をひとつの図表に統合し

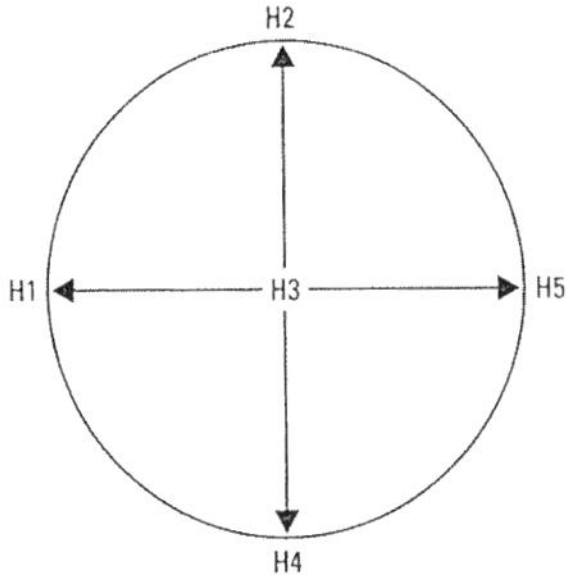

肯定的前提による五元一体構造
（有ること）

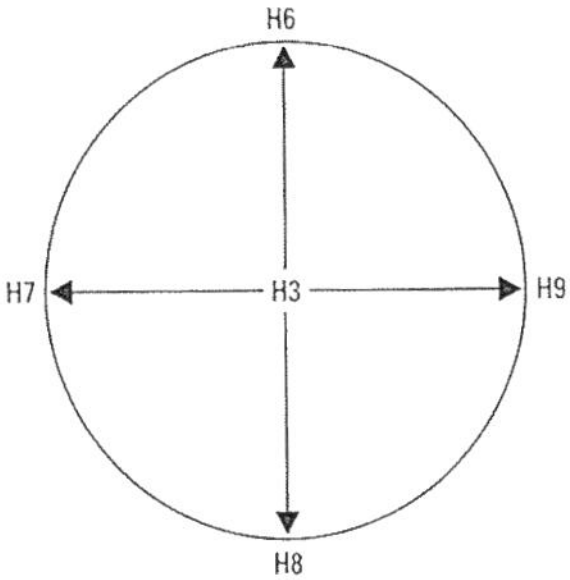

否定的前提による五元一体構造
（有らぬこと）

てしまえば、九つの前提の完全なネットワークがえられる（詳細についてはマティ、一九八三年を参照のこと）。肯定の極と否定の極を接続する「エクサイプネース」（ἐξαίφνης）は、それらの極の手前で、〈一〉と〈多〉の統合を行なうことで、前提の内的共同関係に生命と動を与える。八つの道の転轍機は、この五元一体の構造――プラトンはこれを、〈宇宙世界の魂〉そして人間の魂と同定することとなる――の普遍的な凝集力を明らかにしている。

このように『パルメニデス』の「骨の折れる遊び」（一三七b）全体は、エクサイプネースという交点――そこにおいて時間と永遠とが各自の諸規定を交換する――から魂と宇宙世界の全体的構造を明示することへと至る。知の生き生きとした源泉たる魂は、その否定の力が、相反する前提の絶えざる流れを接合する、そうした動きを伴う中心である。まさしくこれは思考する《ト・ディアノエイスタイ》（τὸ διανοεῖσθαι）という行為その

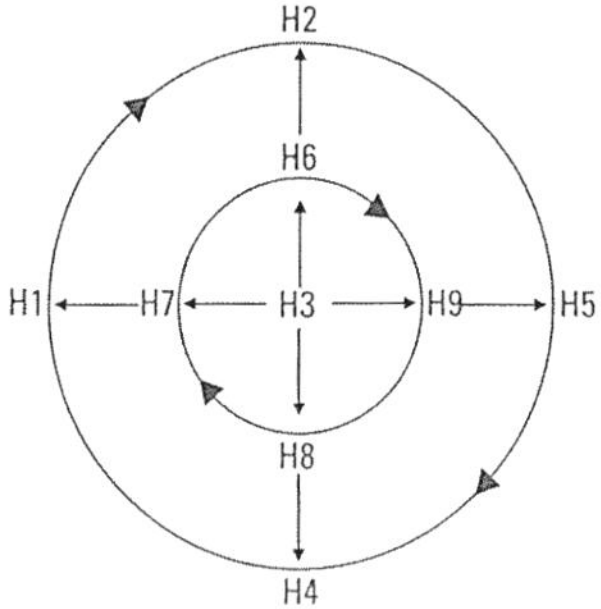

ものであって、その問答法的本性は『テアイテトス』の次のような定義に通じる。すなわち、「魂のしていることは、問答をすること《ディアレゲスタイ》(διαλέγεσθαι)、すなわち自分が自分に問いかけたり、答えたり、しかもそれを肯定でしたり、否定でしたりすることにほかならない」(一八九e‐一九〇a)。

Ⅲ　実在の五つの類

『ソピステス』はおそらく、『パルメニデス』および『ピレボス』とともに、プラトンの形相理論が到達した三つの極点のひとつであろう。実在の最高類に関する研究をたどれば、どのようにして哲学が、ギリシアの万神殿に祀られる神々のなかで最も抽象的なヘスティアーという神の形姿を、知性によって知られる形相のなかで最も具体的な〈ウーシアー〉という形而上学的形相へと転位させたのかがわかる。哲学的問答法が、ソフィストを定義するためにさらに一連の二分法的分割を行使するとき、それが論理的な一方法にとどまることはない。探究は、古代の宇宙創成説が二つの原理によって説明しようと取り組んだ最大の類である「有《ト・オン》」（τὸ ὄν）から始められる。一元論的見解あるいは多元論的見解がとりあえずわきにおかれ、「ウーシアーをめぐる巨人の戦い」を行なっている〈大地の息子たち〉と〈形相の友人たち〉の争いに話が移るとともに、対立関係にあるものの相互作用が明確な形をとってくる。すなわち、大地の息子たちは、彼らにとって唯一の触知可能なものである木々や岩々にしがみついて、「物体《ソーマ》」（σῶμα）と「実有《ウーシアー》」（οὐσία）とが同じものであるとしているのに対して、形相の友人たちは、目に見えない世界の高所に身をおき、知性によって知られる形相こそが「真のウーシアー」だと考えているのである（二四六a‐b）。〔『ソピステス』に登場する〕エレアからの客人は、「有」とは、「共同関係《コイノーニアー》」（κοινωνία）という形でさまざまな類を相互に結びつける機能である、という定義を提案する。この共同関係は特定の論理的な作用によって規定されるものである。プラトンはここで『パイドロス』でのウーシアーの登録簿を放棄し、実有を中性化することで神話的な話し言葉から哲学的言説へと移行しながら、「有」（τὸ ὄν）という言葉〔動詞「有る」の分詞を中性名詞化したもの〕を用いて実在を定義する。初めて「共同関係の機能」と規定された実在は、最高次の形相である「静」（στάσις）と「動」（κίνησις）、そして「同」（ταὐτόν）と「異」（θάτερον）のあいだの多種多様な結びつきを確立する。その作業は、これら四つの類が同一の中心点〔竈〕において相互に関与しあう力をもっていると理解されるまで続く。最初の一組は自然的次元のもので、ギリシア語で女性名詞の二語を組み合わせているのに対して、二番目の組は論理的次元のものであり、中性名詞の二語を対置している。スタシス（静）とキーネーシス（動）は、ウーシアーの宇宙論的規定を表わしており、ヘスティアーの竈を中心にまわりを巡る魂たちの円環と呼応している。これに対して、タウトン（同）とヘテロン（異）は、純粋な形相を目の当たりにしたときの魂の論理的な作用を明示している。

哲学的問答法、つまり「同じ（ταὐτόν）である形相（εἶδος）を異なった（ἕτερον）形相と考えたり、異なった（ἕτερον）形相を同じ（ταὐτόν）形相と考えたりしないこと」（二五三d）にあるこの知識による分析全体は、第一の組か自分たち自身を対象とする〈同〉と〈異〉という類を使って進められる。以後の分析では、「有」がなおも要石でありつづける領域の内部で、類の共同関係という前提に基づいて〈動〉-〈静〉、〈同〉-〈異〉の二組が整序されることになる。しかし、「有」は、四形相のひとつ、二つの組の一方、あるいは、それら二組の全体に、つまり四元の宇宙論的形相に帰着することはないのである。有は、その語の本来の意味において中立的である。なぜなら、動、静、同、異の四つのものが必然的に有るとしても、「有」はそのいずれでも有らぬからである。「有」は、『ソピステス』において、至高なる五つの類の共同関係を純粋に論理的観点から基礎づけている。というのも、それは本質的に共同関係の能力であり、それゆえに〈万有〉の形象だからである。

『ソピステス』の問答法的な諸分析は、宇宙《コスモス》の神話的形象を始点に続行されるが、その形象はここでこの対話篇全体にみずからの暗号を刻印する。ウーシアーをめぐって争われた宇宙創生説における神々と巨人たちとの戦争から、類相互の分有の分析——そこではウーシアーという語は、「有るものの全領域」（二四八e）を表わすパンテロース・オン（παντελῶς ὄν）という表現に接近しながらも、オン（ὄν有）そしてエイナイ（εἶναι 有ること）という語と競合している――まで、エレアからの客人による探究は、ウーシアーを中心に展開する。したがって、〈形相の友人たち〉と〈大地の息子たち〉による巨人戦争が戦われるのは、まさしく世界の中央においてであり、ヘスティアーという形象の神話的変異であるウーシアーのこの原初的なオンパロス（ὀμφαλός へそ／中心）のうちにおいてなのである。プラトンは、宇宙の〈動〉と〈静〉の本質的な共同関係を力説しようとするとき、ウーシアーの代わりに、オンという語、すなわち知のプロセスにおいて他の諸限定と結びつけられる「有」を用いている。しかし、プラトンが、ただ単に「有」について語るのではなく、「領域」ないしは「中心点（竈）」について語るとき、ふたたび神話的表象化が哲学的問答法による論証の一歩手前で宇宙世界の開口部を開き示す。哲学的問答法による論証が前＝存在論的なこの領野において確立されるのはこののちのことになる。それが目指すのは、二分法に従ってこの領野の端から端まで碁盤目状に線を引くことである。

『ソピステス』の二つの組は、〈大地〉と〈天空〉、人びとと神々という神話的形象（『ゴルギアス』五〇八a参照）を論理的に転置して、〈静〉と〈動〉、〈異〉と〈同〉が〈有〉の庇護のもとでひとつに結びついた五元からなる形をとるようにしたものであることを表わしている。それぞれの場合、ウーシアーを構成するこの存在論的第五元素たるオンの構造に到達するために、ミュートス（神話）からロゴス（論理）へ、そしてヘスティアー＝ウーシアーからウーシアー＝オンへ転換するのに随伴しているのは、コイノーニアー（共同関係）という同一の語である。オンという論理的名辞は、それが有機的に結びつける諸形相とは異なるというみずからの異他性を維持しており、この中立性ゆえに哲学は、存在論となりうるものの領野をあらゆる知識論に対して切り開くことができるのである。〈真理の野〉に至り着けば、もはや背後のヘスティアーの住まいへと眼差しを向けることのない魂たちのように、哲学は以後、神話の世界——そのウーシアーのこだまが原初的な共同関係の妥当性をほのめかしている——に背を向ける。

　実在の五つの類は完全無欠のグループをなしているのか、あるいは、とりとめもなく列挙しただけのものにすぎないのか？　〈真理の野〉を占めるイデア全体から抽出されたこれらの形相において見て取られるべきは、「最も大きいと呼ばれる形相」なのか、それとも、「きわめて大きいと形容される形相」なのか？　ところで、エレアからの客人の哲学的問答法による分析は、実在の秩序立った共同関係を規定するのにこれら五つの類で充分であることを証示している。知性によってとらえられる形相——それらを観得することが、天界の合唱隊の共同関係の基礎となっている——の観想と、宇宙の認識を保証する魂の円環的な行進は、ただ一つの共同関係のうちに統合されていなければならない。この理想的なまとまりは、〈真理の野〉の総観的統一性によって、そしてそれと同時に、二四七c七（『パイドロス』）で一気に与えられる実在のウーシアー（本質）——二四五e四で介入する魂のウーシアー（本質）と対称的な形で出現している——の統一性によって、神話のなかに表現されている。五つの類の共同関係において、ほかならぬ実在のウーシアーが、魂のウーシアーを五つの形相の共同関係のなかでつくり出すのであり、われわれはこの共同関係のもとで魂が再びその姿を現わすのを見ることになる。

　実在の五つの類のグループがただひとつの共同関係を構成しているのかについては、なおも確認する必要がある。その証明はテクストの主部において与えられている。テアイテトスは、「五つ」（πέντε）

の異なる類を受け入れるかと彼に問いかけた客人に対して、次のようにはっきりと表明する、「その数が、先に明示された数よりも少ないと容認することはまったくもって不可能なことです」（『ソピステス』二五六d）。しかし、もしそのような数が明白であるなら、その数をさらに増やすこともまったく同様に不可能である。そしてコイノーニアー（共同関係）に宛てられた分析全体を見れば、プラトンが、『ソピステス』で類の共同関係に五回、しかも五回だけ、五という数を割り当てているのを容易に確かめることができる（二五四e - 二五六d）。

Ⅳ 〈善〉の五つのファクター

『ピレボス』が至高の類の問題に立ち返るのは、思慮による絶対的支配を支持するソクラテスと、快楽の優位を擁護するプロタルコスおよびピレボスとが議論を戦わせるときのことである。幸福な生を規定するのは、思慮でもなければ快楽でもなく、むしろそれら二者の混じり合ったものかもしれない。というのも、ただ快楽だけに、あるいは思慮だけに還元される生などというものはわれわれにとっては何の意味もないだろうから。ソクラテスの指摘によると、すべての存在には、「無限」の部類に属する「もっと多く」と「もっと少なく」、過剰と不足があり、これに対して、等しさや数のような「限度」は「無限」に対して度を課する。もし事物が、それとしては、最初の二つの類の「混じり合ったもの」の結果であるなら、混じり合いの始源としての「原因」を措定しなければならず、これで四つの要素があることになる。プロタルコスは、「五つ目の要素」（πέμπτον）、すなわちほかの四要素を「分解」（διάκρισις）する力のある要素がおそらく必要だろうと述べる。ソクラテスはこれに対してとくに異を唱えることはしない。法は「限度」（τὸ πέρας）と、知性は「原因」（ἡ αἰτία）と、快楽は「無限」（τὸ ἄπειρον）と、そして混じり合った生は「混合されたもの」（τὸ μεικτόν）と、それぞれ類縁性をもっている、ということが同意のうえで主張される。五元からなる論理的図式のただなかで一連の転位がなされたあと、〈適度〉が時宜（ὁ καιρός）と同定されて分類のなかへと導入され、第一位を獲得し、〈善〉と同じものとされる。三要素からなる最初の分割において、ソクラテスは、混じり合うことで良き生を構成しているものを、①知識、②純粋な快楽、③これらに共通の前提である真実、の三つに区別している。混じり合う諸要素を統一的全体へとせき立てる要因が「原因」であり、これは「尺度」（μέτρον）と「均斉」（συμμετρία）という二重の形をとって美を現実化する。そしてこの美に真実が付け加わることで、混合されたものが解明されるのである。三要素からなるこの第二の分割により、われわれは二つの分類に至る。第一の分類は混合された生を構成する三要素を表わし、第二の分類は〈善〉がこの生を統御するために呈する三つの形姿を表わしている。それぞれ三元からなるこれら二つの分割が構成するのは、明らかに五元で構成されるただ一つの分類のみである。

幸福な生の構成要素	①知識	②純粋な快楽	③真実
〈善〉の形姿	①美	②均斉	③真実

これら二つの系列は、幸福な生の第三番目の要素であると同時に〈善〉の第三の様相でもある真実を媒介として相互に連接される。この二つの三元系列を構成する六要素について、〈善〉の至高の形姿のほうを優先させたうえで階層化すれば、次の表(A)が得られる。

(A)

①美
②均斉　　〈善〉の形姿
③真実
④知識　　幸福な生の構成要素
⑤純粋な快楽

ソクラテスは、媒介としての真実に換えて知性と思慮をおくことで、この階層に修正を加える。実在を照らす光としての真実は、以後、「知性」、すなわち真理探究に専心する魂の能力と同じものと見なされる。こうして別の新たな表(B)が現われてくる。そこで中心を占める要素は、快楽とつねに対抗する知性の到来によってすでに強化されている。

(B)

①美
②均斉　　〈善〉の形姿
③知性
④知識　　幸福な生の構成要素
⑤純粋な快楽

最後の修正によって最終階梯の善に到達することが可能となる。五段階からなる階層序列という形そのものを白紙にもどすことなしに、最初の二つの位階に手が加えられる。ここまで〈適度〉は〈均斉〉とともに第二位の位置にあったわけだが、今度は〈適度〉(τὸ μέτριον)、〈尺度〉(μέτρον)、そして〈時宜にかなうこと〉(καίριον)が第一位となる。これと引きかえに美(καλόν)が第二位に下がる。そこで待っているのは、以後〈適度〉と区別されることになる〈均斉〉、そして「まったくもって完全なものであり充分なもの」という〈善〉の二つの新たな形姿である。〈適度〉は、決定的瞬間に――まさに時宜にかなって――カイリオン(時宜にかなうこと)と同定されて優位に立つと同時に、〈均斉〉と区別される。残る三つの位階はそのままの位置を維持している。すなわち、知性と思慮は、技術と正しい見解とに結びついた知識よりも、そして魂の純粋な快楽よりも優位に立っている。

(C)

①適度そして時宜にかなっていること
②均斉、美、完全、そして充分
③知性と思慮
④知識、技術、そして正しい見解《ドクサ》
⑤魂の純粋な快楽

時宜にかなって到来するものという観点から見た場合、第一の位階には、〈原因〉としての〈善〉がくる。第二位には、善がもたらす結果、すなわち〈均斉〉、〈美〉、〈完全〉そして〈充分〉という釣り合いのとれた存在の四形姿が来る。次の第三位は、探究がなされてきた中心的な場であるが、ここに来るのが、原因としての知性あるいは思慮。これは、初めから善という原因を擁護する。そして第四位には、幸福な生において知性のもたらす結果、すなわち〈知識〉、〈技術〉そして〈正しい見解〉が来る。最後の第五番目に来るのは、知性の産みだしたものを前にしたときに生じる魂の情動である。なぜなら、純粋な快楽は知識を観得するときに魂が覚える充足感に付随するものだからである。

　われこそは〈善〉を具現しているのだという申し立てを、知性と快楽は却下される。なぜなら、両者はそろって〈適度〉も〈完全性〉も有してはいないからである。時宜にかなって現われ、〈快楽〉を最下位へと押しやるのは、ほかならぬ〈適度〉である。しかし、〈善きもの〉の最終階梯(C)において、真実と実在に取って代わることによって中心の場を占めたのは〈知性〉である。知性は、〈善〉からインスピレーションを得るために高位のものへと眼差しを向けるとともに、低位にある、混ぜ合わされて幸福な生を作り上げる諸要素を見下ろす。だからソクラテスは、知性のほうが敗者〔快楽〕よりもいっそう勝者〔適度〕に親近なものだと述べ、皮肉を込めて議論を終わりにすることができるのである。〈適度〉と〈均斉〉の二分化が、快楽をなるべく遠くへと撃退するとともに、探究の決定的な方向変更としてカイリオン〔時宜〕を導入することを可能にした。幸福な生の最終階梯(D)を確立するときに、〈適度〉が〈善〉を第一等に定位するのは、まさに時宜をえているのである。

(D)
①〈善〉という原因
②〈善〉がもたらす結果
③知性という原因

④知性がもたらす結果、
⑤〈善〉の秩序を前にしての魂の諸快楽、

〈善〉の五つの位階は、同じ対話篇で当初から探究にインスピレーションを与えてきた、存在に関する五つの類を想起させずにはおかない。ソクラテスは、〈無限〉、〈限定〉、〈混合物〉そして〈原因〉の四つの類にしか言及しないが——もっとも、彼の対話相手は五つ目の類を主張していた——、〈原因〉によって生み出された混合物を前にしたとき、残りの種に対して分解という操作を施して、同一の共同関係のうちにこれらを統一する必要があると考えるのはもっともなことである。結局のところ、哲学的問答法はまさに、統一的な類のうちに包括されたさまざまな種を区別するとともに、多くの種をひとつの同じ類に統一する至高の知識なのである。分解の力をもつ第五の類はこのように対話篇の始めから終わりまで本質的な役割を演じている。これら五つの類は、『ソピステス』での五つの形相とは異なり、宇宙論的次元に属しており、その理由から、可感的世界に属している。存在するあらゆるものは、限定と無限から構成された混合物であり、因果作用によって生み出されている。この作用は、それが統一するものを分離しうる分解作用を要求する。ソクラテスによる最後の要約は、うやむやにされたこのディアクリシス（分解）という作用を間接的に援用している。だから当然のこととして、善きものの階梯において第一位を占めるカイリオン（時宜）と、類のリストの第五番目に来る分解の作用とを比較対照することが許される。前者は、言及されることもなくみずからの場——第一等の位置——を見いだした。これに対して後者は、言及されながらも、みずからの場——第五等の位置——を見いだすことはなかった。ディアクリシス（分解）は、幸福な生を構成する要素を適所に配置することでこの生の完全な階梯を考量するのと同様のしかたで、類の混合体を考量し、そして原因により統一されるものを分離した状態に保つのである。テクストの最後に示唆されているのはそういうことである。四つの類を「分解する力をもつ何か五つ目のものも（καὶ πέμπτου διάκρισιν）」（二三d九）必要になるのではないかと問うプロタルコスに対して答えるソクラテスは、同様の表現を使って、快楽は、下されたばかりの「判定によれば第五等に（πέμπτον κατὰ τὴν κρίσιν）」（六七a一四）なると述べている。たしかに、ディア‐クリシス（分‐解）の接頭辞が最終的に哲学的問答法（ディア‐レクティケー）のなかで雲隠れしていることは、プロタルコスが最後に茶化して語る言葉によると、「ほんのちょっとしたこと」（σμικρόν）なのである。

第四章　コスモス――秩序ある世界

形相相互の関係をめぐり哲学的問答法は大きく回り道をしてきたが、だからといって、宇宙《ホ・コスモス》（ὁ κόσμος）が知性によって知られうるものであることを、洞窟の道を再びたどりながら説明するというプラトンの主たる構想を忘れることがあってはならない。哲学者が〈真理の野〉を観想するとき、その魂の糧であるイデアの美しさがどのようなものであろうと、哲学者は、大地に再び降り立ち、そして『ピレボス』の言い方にならえば、再び家に帰る道を見つけなければならないのである。目で見ることのできない世界は、目で見ることのできる世界を必要とする。目で見ることのできるこの世界の多様な要素は、形相とは切り離され、形相によって意味を与えられ、魂によるさまざまな操作に由来する数学的図式にしたがって構成されている。だから、天空の構造を考察して魂の循環を宇宙世界の周期と調和させるためには、感覚によって知られる世界へと立ち返らなくてはならない。『ティマイオス』は、一群の複雑な数学的・自然学的手続きにしたがって、宇宙世界と魂と時間の誕生が共通のものであることを確言する。今度は、宇宙世界の数学的形成が、ピュタゴラス派であるロクリスのティマイオスの言説を通じて表明される。そしてそこにこそ、「ありそうな物語」（εἰκὼς μῦθος あるいは εἰκὼς λόγος）の全独創性がある。

その言説は神話の次元にあることを隠さない。

洞窟の物語を補足するものとしての『ティマイオス』の物語は、象徴的物語に対する論証的言説の優位――後代の伝統ではそれがプラトンの教えのなかに認められると思われている――と同様、ミュートスとロゴスの截然たる対立も抹消する。もしわれわれの世界が、「何かの似像」（εἰκόνα τινός, 二九b）に相違ないなら、プラトンの一貫した手続きに従い、端緒からとりかかって、宇宙万有の誕生とはどのようなものか、あるいはこう言ったほうがよければ、洞窟の起源とはどのようなものなのかを探究する必要がある。これはつまり、事物の原理に関するあらゆる探究――それがたとえ「ビッグ・バン」という現代の理論であっても――と同様に、ティマイオスが語る物語は明らかにひとつの神話として、そしてそれゆえに真でも偽でもない神話として、与えられているということである。というのも、宇宙万有の端緒の目撃者となることは人間には不可能だからである。ただ、そうではあっても、プラトンが宇宙論的な説明を思想史上初めて提示することに変わりはない。これは、始源的な公理に基づいて自然万有の数学的モデルを提起するものである。なるほどたしかにそれは形而上学的性質のものではあるが、しかしその論法は厳密に仮説演繹的である。量子力学の父のひとりであるヴェルナー・ハイゼンベルクも、事物の構成要素の構造に基礎をおく最初の物理数学の理論が『ティマイオス』にあることを躊躇なく認めることとなる。

I　宇宙《コスモス》の体系

『ティマイオス』のきわめて重要な問題は、宇宙万有の秩序づけにおいて介入してくる要素と原因の数に関わるものである。テクストでは、三組の三元区分が活用され、これらをプラトンは苦心の末にただひとつの全体へとまとめあげる。最初の区分は、二七d‐二九bで、事物の二つの範型とデーミウールゴス（製作者）とを区別するための分析の冒頭に出てくる。われわれは、「つねに有り、生成することのけっしてないもの」と「つねに生成し、有ることのけっしてないもの」（二七d六‐七）というキアズム（交差配語法）に直面する。模倣という点からのこの最初の区分は、宇宙万有の二つのモデルを対立させるだけではない。それは、デーミウールゴス自身を第三者として導入する。このデーミウールゴスは二度（二八a、二九a）にわたりその名で呼ばれ、また、似像が人為的なものである場合と発生的なものである場合の二つの系統に応じて、宇宙世界の「作り手」でありまた「父親」であると象徴的に呼ばれる（二八c）。

模倣という観点からのこの区分は、『国家』での三つの寝台の議論をわずかばかり修正して再提出されたものである。つねに自己自身と同一である理想的範型が、デーミウールゴスを凌いで第一等の位置につく。ここでデーミウールゴスの組織者としての役割は実在製作者《ピュトウールゴス》の創造者としての役割とは混同されない。感覚的対象であるコピーは、似像《エイコーン》と映像《エイドーロン》に区別されることはなく、むしろ逆に、潜在的範型の地位へと高められている。ただしこれは、永遠の範型と優位をめぐって競うことはあっても、それよりは劣るものである。ティマイオスが二つの補足的区分を設定するのはまさにこの区分に基づいてであり、これら補足的区分は新たに二つの三元図式へと逢着する。第二の区分は原因論の観点からのもので（三一a－四四d）、始動因と見なされるデーミウールゴスの機能を、その活動による二つの産物と区別するものである。デーミウールゴスは、宇宙世界の身体も〈魂〉も製作する。〈魂〉は身体のあとに言及されるが、身体を支配するがゆえに、その形成は身体よりも先である。模倣という点からの区分が永遠なる存在へと帰着していたのに対して、原因論的区分はデーミウールゴスという原因に結びつけられているが、この区分が立てられる際には、宇宙世界は知性（νοῦς）の秩序にしたがって解釈されている。なぜなら、四要素を素材とする宇宙世界の身体の製作と同様に、二重のテトラクテュス（最初の四数の集合体）を素材とする宇宙世界の〈魂〉の形成は、真の因果性、つまり、純粋な合理性――その後それは必然性と交差するであろう――に従うからである。

最後の区分であるが、今度は存在論的性格の区分であり（四八e－五三b）、ここでは、最初の区分中の二元、つまり永遠なる存在と生成変転するものを再び取り上げて、これらのあいだにデーミウールゴスの行為に取って代わるコーラー（χώρα 場）という類を導入する。つねにわれわれの前には三元からなる図式がある。今回それは必然性の観点に対応しており（コーラーの現前）、知性の観点には対応していない（デーミウールゴスの不在）。この図式を構成するのは、「範型という種族であり、つまり、知性によって知られ、つねに同一性を保つ種族」（四八e）と、生成をまぬがれることのない可視的な「範型のコピー」（四九ａ）、そして、「第三の種族」としてこれらのあいだに入ってくるコーラーという受容者である。この存在論的区分は、原因論的区分と結びつくと同時に、模倣の観点からの区分に取って代わる。そして、これら三つの区分のそれぞれは、その分類の決定的要因を明らかにしている。すなわち、模倣という点からの区分については永遠なる存在、原因論的区分についてはデーミウールゴス、そして存在論的区分についてはコーラーがそれに当たる。

以上の三区分とそれらが万有の球を組み立てるために区別している宇宙の審級を比較対照するなら、われわれは、知性と必然という二つの補助的な部類のもの――つまり、一方は倫理的次元での目的論的因果性に属し、他方は自然学的次元での機械論的因果性に属している――に応じて次のような完結した宇宙論的体系を得るのである。

①デーミウールゴス。これは、模倣という点からの区分と原因論的区分とによって構成される二組の二元対に対して第三者として現われる。前者の区分の場合では、永遠なる存在と生成変転する存在の二元だけが範型となる可能性をもったものであり、後者の区分の場合では、宇宙世界の〈魂〉と身体の二元だけが産物となりうるものである。

②知性によって知られる形相は、第一の区分によって永遠の範型のうちに刻み込まれており、第三の区分においては、感覚によって知られる事物と対をなす。

③コーラーは、デーミウールゴスに似ており、最後の区分ではそれに取って代わるが、知性によって知られる形相と感覚によって知られる事物の対のなかに第三元として介入してくる。

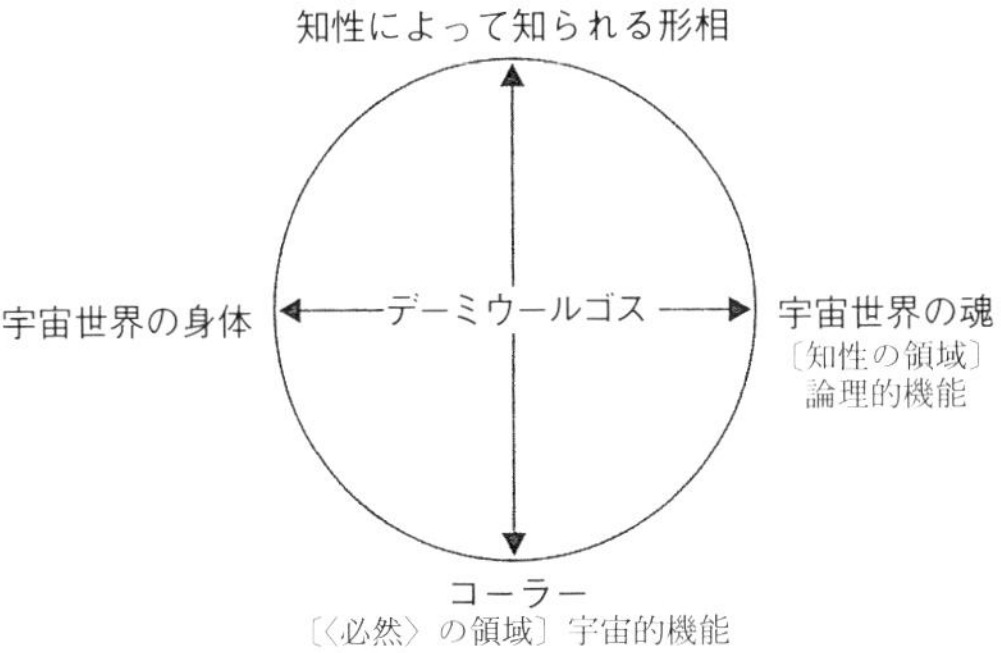

『ティマイオス』の宇宙的 - 論理的体系

④宇宙世界の魂は、デーミウールゴスの行為による最初の産物であり、その構造の中に、純粋な形相がもつ知性的可知性を包含している。

⑤宇宙世界の身体は、デーミウールゴスの行為による第二の結果であるが、コーラーの漠然とした行為のおかげで、〈魂〉の命令に服従する。

この配置のなかでコーラーは、形相を範型とした形成で必要とされる本質的な役割を果たしている。「受容体」、「養い親」、形相の似像が「そのなかで成立することになる、その当のもの」、「領域」、「座」、あるいは「場所」と形容される原初的素材のコーラーは、感覚界の骨組みに空いた一種の孔で、永遠なるものはそこを通じて息を吐く。つねに知性的存在は、感覚的対象としてのコピーの元である「イデアと〈数〉の型」(五三b)を生み出すことで、宇宙世界の物質的構成要素に形姿を与える。〈天空〉が構成されるよりも前に存在するこの受容体は、カメラ・オブスクーラに似ていて、形相がそこにみずからの印影を刻み込む。しばしば指摘されてきたことだが、洞窟をモデルとして立てることはシネマトグラフの発明を予告するものである。というのも、地下の洞窟では、不動の似像《エイコーン》──仕切り壁の背後で人間たちに運ばれる品物がそれである──を次から次へと送り出していくことによって、音を立てて動く影像《パンタスマ》が地下のスクリーン上に映し出されるからである。これに対して、コーラーをモデルに立てることはどうかといえば、残存する無定形素材のなかにコーラーが光の刻印を定着させるものであるがゆえに、こちらは写真の原理に基づいている。コーラーは、そのなかで宇宙がさまざまの規定をそっくりそのまま受け入れることになる巨大な暗室なのである。したがってコーラーは、切りとられたいろいろな形態が可感的な姿をなす、まさに「その場」であり、同時にまた、これらの形態を形成している「その当の素材」、すなわち原範型に合わせて形作られる似像の構成材料なのであり、つまり、似像を象徴的に形象化するものであり、その表出が神話なのである。まだ陽画をとりだす前の、モデルの物理的痕跡が目に見えないままに保存されている処理前のフィルムベースと同様に、コーラーは、形相と〈数〉の刻印をとどめるイデアの陰画として現われる。

結局のところコーラーが果たす本質的な役割は、宇宙での魂の機能──つまり宇宙万有の形象──と同定される象徴的機能の中に、論理的機能を刻み込むことということになる。だから、イデアと〈影〉の交差するところにあるコーラーの原範型的似像が、プラトンの一連の神話で繰り返し現われる洞窟の地下のいろいろな形象によって具象化されているのももっともなことだと思われる。一帯が暗闇同然のこの奇妙な場において、形相はみずからの型、すなわち仕切り壁の背後でマリオネットを操る人形遣いが動かしてみせるさまざまの形象を、地下のスクリーンに刻む。可感的な宇宙万有の母胎である洞窟こそは、小さな壁面の後ろで、目には見ることのできないものの仲介者たる〈大地〉の息子たちの運ぶ道具を使って、似像を操作する図式パターンを自発的に生み出すのである。

Ⅱ　宇宙世界の〈魂〉の形成

ところで、哲学的問答法にしたがって宇宙世界の〈魂〉をいくつかの〈形相〉から構成するために、ティマイオスは、宇宙の職人つまりデーミウールゴスという形象に訴える。善良にもデーミウールゴスは、「理《ことわり》も尺度もない」（五三ａ）初期の無秩序状態におかれていた事物の諸要素が可能な限り自分と似たものとなるようにと願った。神である職人は、宇宙世界の合理的な働きを具現したものだが、まず最初に「つねに同一であり続ける不可分の本質《ウーシアー》」を選び出す。すなわちこれは、安定化の機能を果たすイデアの限度であり、『ピレボス』のペラス（限度）を想起させる。続いて職人が選び出すのは、「生成を免れない、分割可能な本質《ウーシアー》」（三五ａ）である。そこでは、アペイロン（無限定なるもの）の無限化という運動が認められる。それから職人はこの二つの形態から最初の混合体を作り、そこから名前をもたない「第三の中間的本質」を抽出する。われわれが知っているのは、この第三の本質が二つの特性をもっているということだけである。つまり、それは不可分性と可分性の中間にあり、これらの特性はプラトンがピュシス（φύσις自然本性）と呼ぶ別の二つの審級と関係づけられている。というのも第三の本質は、「〈同〉

の自然本性および〈異〉の自然本性」と関わりをもっており、「これらの」（αὐτῶν）物体にしたがって不可分のものと分割可能なものの性質を受け継いでいるからである。原文の難しさは、すべての写本に現われているこの複数属格からきている。これが、〈同〉と〈異〉のピュシス――ラシュリエ（一九〇二年）はこれを「力」（puissance）と訳していた――と結びつくのであれば、われわれの前にある構成要素は五つである。すなわち、二つの本質《ウーシアイ》（οὐσίαι）と二つの力《ピュセイス》（φύσεις）があり、そしてこれらが最終的な混合物において結びつくことになる。

続いてデーミウールゴスは、「〈異〉の自然本性」をむりやり「〈同〉の自然本性」に適合させ、先の材料（不可分のもの、分割可能なもの、混合物）で第二の混合物を作り出す。このことは、論理的次元にあるこれら二つの「自然本性」が宇宙的次元にある最初の「本質」とは異なっている、ということを示すものと思われる。もしラシュリエに従うなら、世界の〈魂〉の最終的な析出物のなかには五つの材料があることになる。つまり、（〈静〉の）不可分の本質、（〈動〉の）分割可能な本質、〈同〉の力、〈異〉の力、そして二重の操作から生じる〈実在〉の混合物である。原文の曖昧さは、最初の混合物を形成する材料（不可分の本質、分割可能な本質、中間的本質）が不明確であることからきている。なぜなら、デーミウールゴスはこれら三つの本質を関係づける段になって、初めのうちは現われていなかった「力」と呼ばれる新たな二要素の抵抗に遭うからである。ウーシアーとピュシスの語義の微妙な差異を考慮に入れるなら、『ソピステス』での〈静〉と〈動〉に似ている不可分のものと分割可能なものという無名の本質は、〈同〉と〈異〉という、はっきり名をあげて言及されている力に従属するものである。

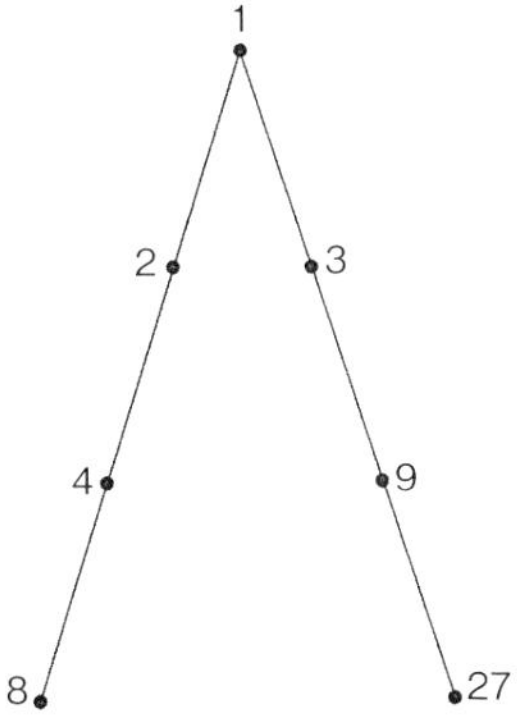

宇宙世界の〈魂〉の四数集合体（テトラクテュス）

宇宙世界の〈魂〉を作るこれらの組成材料は、宇宙論的秩序づけに備える哲学的問答法の操作の結果である。というのもその最後の構成作業からデーミウールゴスは、示唆に富んだ調和的構造――そこでの計算はピュタゴラス派の影響を物語る――を抽出しにかかるからである。この構造は、公比二の数列（一、二、四、八）と公比三の数列（一、三、九、二七）の二重の等比数列によって構成されている。これらの数列は、プロクロスの著作に見られる図表に従って、大文字のラムダ（Λ）の形をした線図上に配置するとわかりやすい。この図では、角を形成するそれぞれの線分に偶数系列と奇数系列のそれぞれの数が振られている。これらの数の最後のもの（二七）は、そこまでの六つの数の総計に等しい（一＋二＋三＋四＋八＋九＝二七）。

この二重の四数集合体（一、二、三、四、八、九、二七）は次にデーミウールゴスによって七つの部分に分割されるが、彼は二の累乗と三の累乗を釣り合わせるために数の八と九を入れ替えることで偶数と奇数に同等の持ち分を配当する。この宇宙論的操作によってのちに恒星の転回と惑星の転回が区別されることになるのだが、これは同時に音楽的操作でもある。というのもピュタゴラスの音階は二と三という数の組み合わせから構成されているからである。つまり、公比二による数列では、音程を次々と二倍にすることで八度音程（オクターヴ）が与えられる（一、二、四、八＝$ド_1$、$ド_2$、$ド_3$、$ド_4$……）のに対して、公比三による数列では、完全一二度の音程が与えられる（一＝ド、三＝ソ、九＝レ、二七＝ラ、八一＝ミ、二四三＝シ……）。このとき、二倍ずつの音程あるいは三倍ずつの音程の間を二つの連比ないしは「中項」――すなわち、一つは算術的中項（たとえば一と三の算術的中項は二）、もう一つが、ピュタゴラス派、とりわけアルキュタスによく知られていた調和的中項（たとえば三と六の調和的中項は四）――でもって埋めると、完全音階を作ることが可能となる。たとえば数一から数二までの音程は、一（主音）、三分の四（四度〔一と二の調和的中項〕）、二分の三（五度〔一と二の算術的中項〕）、そして二（オクターヴ）という数から構成されるであろう。そして値が八分の九である全音が四度と五度のあいだにくる。なぜなら、二分の三：三分の四＝八分の九だからである。こうして宇宙世界の〈魂〉は、五つの同等の大全音から構成され、それらのあいだに二四三分の二五六（＝一・〇五三）の音程、つまり、われわれの平均律半音（一五分の一六＝一・〇六六）より少しばかり狭いピュタゴラス自然音階の全音階的半音が、「残り物」（λεῖμμα）として入ってくる。

　デーミウールゴスは次に、〈魂〉のこの調和的組織をとると、これを縦に二つに裂き、その二つの帯を互いに交差させ、文字χ（ケイ）に似た形を作る（三六b）。そして、デーミウールゴスはそれぞれの両端がつながって輪になるように二つの帯を曲げて、〈同〉の円と呼ばれる外側の円（〈天の赤道〉）を最初に作り出す。これは、その上を星々が右に向かって、つまり東から西へと運行していく円である。他方、内側の円は〈異〉の円（〈黄道〉）で、その上を、エルの物語《ミュートス》が語っていた七つの物体（五つの惑星、太陽、そして月）が、逆向きの回転に従って左へと――要するに西から東へと――周回する。続いてデーミウールゴスは、宇宙世界の身体の中心に〈魂〉の中心をおいて相互に適合させる。その結果、〈魂〉は、外側から天空を包みこむと、万有の運行を引き起こしながら自転し始める。こうして誕生したのが時間であり、それは、〈数〉の律動にあわせて進行するがゆえに、「永遠を写す一種の動く似像」なのである（三七d）。

Ⅲ　宇宙世界の身体の形成

次に、必然の秩序に従って宇宙世界の身体を形成すべく、デーミウールゴスは伝統的四要素である火、空気、水、土から着手し、それら四要素に四種類の正多面体を結びつける。これらの正多面体は正三角形――それ自体が二等辺の直角三角形と不等辺の直角三角形からできている――を幾何学的に組み合わせたもので、つまり、①正四面体（正三角錐）、②正八面体、③正二〇面体、④正六面体（立方体）である。正則立体というのは、そのすべての面が同一の等辺等角の多角形からなる数学的物体である。無数にある等辺等角の多角形のなかで五種類の正多面体だけがわれわれの三次元の空間において構成可能であると最初に論証したのは、ピュタゴラス派である。それについての一般理論は、アカデメイア派内部で、おそらくはテアイテトスによって仕上げられたであろう。のちに「プラトンの立体」という表現が

	正4面体	正8面体	正20面体	正6面体	正12面体
図形	正三角形	正三角形	正三角形	正方形	正五角形
面	4	8	20	6	12
立体角	６０度が３つ	６０度が４つ	６０度が５つ	９０度が３つ	１０８度が５つ
頂点	4	6	12	8	20
辺	6	12	30	12	30
自然的要素	火	空気	水	土	宇宙世界
要素三角形	24の不等辺三角形	48の不等辺三角形	120の不等辺三角形	24の二等辺三角形	三角形に還元できない12の五角形

慣習的に用いられるようになったのも、それで説明がつく。

必然の秩序は、コーラーのなかで無秩序な痕跡の状態にある伝統的な四要素——火、空気、水そして土——が、イデアと〈数〉の作用を受けて知性的な型を受容するよりも前に、それらでもって構成をしなければならない。デーミウールゴスは、宇宙世界の身体のなかに調和的な構成を確立するように、自然的四要素のそれぞれに最初の四つの正多面体を結びつける。ここではもはや、幾何学的中項、つまり、第一項と第二項の比が第二項と第三項の比と同じであるような三項の連比の発見は問題ではない。なぜなら、この操作が関わるのは二次元の幾何学〔平面幾何学〕のみだからである。問題なのはむしろ、立体幾何学の現実の三次元空間において、現前する四項を結びつけることのできる二つの中項を見いだすことなのである。それというのも、ひとつの面だけをもつのでなく奥行きももったさまざまな立体を調和させるためには、ただひとつの中項では不充分であることは明白だからである。そこでデーミウールゴスは、火と土という両極の要素の中間に空気と水を配置し、結果として「火が空気に対する関係が、空気の水に対する関係と同じで、また、空気が水に対する関係が水の土に対する関係と同じになる」（三二b）ようにする。こうして宇宙世界の身体は、次のような連比に即した四要素の結合によって生み出されることになる。

$$\frac{\text{火}}{\text{空気}} = \frac{\text{空気}}{\text{水}} = \frac{\text{水}}{\text{土}}$$

　四つの自然的要素を四つの数学的多面体に対応させることで第五の正多面体が切り離されることになる。正一二面体は、この類比の連鎖の中で、二重にその位置をずらされているように見える。つまり、数学的見地からすると、正一二面体の一二ある五角形の面は、ほかの多面体に見られる要素三角形へと還元されえないし、自然学的見地からすると、正一二面体は単純物体〔四要素〕のそれぞれとは無関係なのである。しかしながらティマイオスは、二度にわたって、第五の多面体の形態と結びついた「第五の」（πέμπτης）の構成物の前提、そして、宇宙世界はただひとつではなく五つであるという前提に言及している（五五c五、d二-三と三一a）。ところで、このような特異物は、これまた固有の名をもたないコーラーという特異物と対をなすものであり、その宇宙的機能を問いただすようにわれわれを促す。正一二面体はそのおのおのの面が五角形からなっているが、これは、正六面体つまり立方体も含めてほか

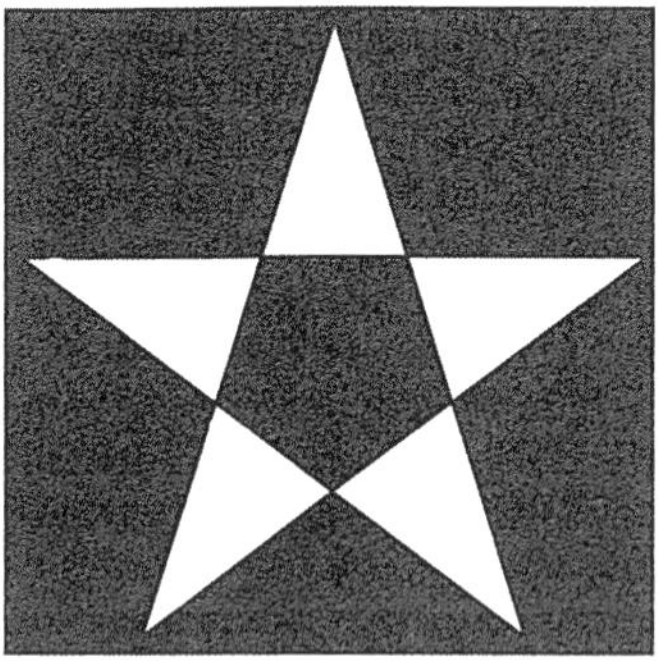

の四つの立体を構成しているのと同様の三角形には還元されえない。正六面体を含めたのは、正方形の各面がその対角線によって二つの三角形に分割されているからである。五角形の頂点を結ぶと、五つの二等辺三角形が現われるが、これらは五つの角をもつ星の形をしており、その辺は、交差することでもとの五角形とは逆向きの小さい五角形を描き出している。つまり、ペンタグラムあるいはペンタルファという周知の神秘的な星形図形である。

　五つの正多面体に関する『ティマイオス』での考察は、やがて数学や天文学において重大な影響をもたらすことになる。つまり、こののちエウクレイデス〔ユークリッド〕は、『原論』という集大成の最後の仕上げとして、第一三巻でプラトンの五立体を作図し、また、第四巻命題一一と第一三巻命題一七ではペンタグラムと正一二面体の諸特性を示すこととなる。さらに二〇〇〇年後には、『宇宙の神秘』（*Mysterium Cosmographicum*, 1596）でヨハネス・ケプラーが、正一二面体によって可視的となる〈被造物たる宇宙〉の秘められた多面体構造という仮説において、球に交互に内接・外接する五つの多面体に惑星間の距離を結びつけようと試みる。この奇妙な直観により、やがてケプラーはティコ・ブラーエの助手となって、『ティマイオス』に関する彼の神秘的考察のおかげで——あるいはその考察にもかかわらず——天体の機構に関する三つの基本的法則を発見するに至る。このことから、宇宙の多面体構造についてのプラトンの諸前提は、神秘的ではあるけれども、合理的な後裔をもたないものではなかったということがわかる。

　三次元空間における五角形の自然な展開としての正一二面体が象徴的に表わしているのは、宇宙の球形、時間の数、そして魂の構造である。ティマイオスは、『パイドン』でのソクラテスのように正一二面体に名前を与えはしないが、二つの本質的な特性をそれに認めている。まず、正一二面体は一連の五つの正多面体のなかで五番目の位置におかれている。そしてその一方で、それは〈万有〉に適用され、「その形象を完成させる（διαζωγραφῶν）」（五五c）のである。ディアゾーグラペイン（διαζωγραφεῖν）という語は、彩色された正一二面体の形象を手立てとして世界に魂を与えるというデーミウールゴスの活動を規定している。第五の立体は、ただ単にさまざまな動物の図像で装飾され、その一二の面に黄道の一二宮が見てとられる、そのような物体にとどまるものではない。それは、プラトンが宇宙世界の〈魂〉と呼ぶものに対応する周期的運動をなしている〈生命〉の刻文そのものなのである。

　世界のこの生ける形象は、正一二面体に充てられた段落において介入するだけではない。それは、宇宙が、そのうちに含まれている「生きもののうちのひとつ」（三〇c）に似せて作られたのではなかったこと、あるいは、〈万有〉がその構成要素に応じて秩序づけられたのではなかったことをティマイオスが示すときの、その説明の最初に介入してくる。逆にこれら構成要素、すなわち生きているものたちのほうこそが、〈生けるもの〉それ自身の数学的パターンによって構成されたのである。プラトンが正一二面体に名前を与えていないのは、内部で展開される四要素と四つの多面体の相互変換とは無関係の第五の多面体が〈万有〉の理想的構造である限りにおいてである。自然学の点からのその証拠は、ティマイオスが、唯一の〈万有〉のなかで生きもののあらゆる形態が統合されることによって世界が球形であることを証明するところで提示される。宇宙の形は必然的に球形である。なぜなら、それはすべての存在を包括しなければならないので、「そうするためにふさわしいのは、中に他のすべての形が内包されている、そういう形だった」からである。その結果、デーミウールゴスは、中心から周囲の点までの距離が等しい球形を「描く」(διαζωγραφεῖν)ことに決めたのである。

　プラトンの正一二面体は、知性によって知られる唯一の〈生けるもの〉あるいはゼウスであり、つまりは宇宙万有の〈魂〉なのである。その知性的な型は、知の円環を形成しつつ、それ以外の知性的な型を包含している。すべての生きている存在が造形されるのは、これらの型に基づいた、知性的な正一二面体と可視的な球体とを仲介するコーラーの漠然とした作用によってである。だから、『パイドロス』の神話においてゼウスは、〈魂〉の時間的運動にほかならない宇宙の完全な周回路を踏破するために神々の一団の先頭に立つ。正一二面体は、中心から終端にむかって身体の全体に、すなわちゼウスが君臨する領域である天空に生命と運動と持続を与える宇宙世界の〈魂〉である。そこにおいてわれわれが再び見いだすのは、『パイドン』でのイメージである。世界は、「ちょうど一二枚の革片からつくった鞠のように、それぞれの部分はさまざまな色に分けられていて、このわれわれの世界の色も、とりわけ絵描きたちの使う色も、いわば、それらの色の見本にすぎない、そんな色とりどりの球」(一一〇b)に似ている。デーミウールゴスによって絵を描かれた正一二面体という形態は、『国家』第一〇巻までずっと続いており、そこでは各天球に色彩が割り当てられているが(六一六e-六一七a)、この形態はまた、『ティマイオス』の六七eから六八dにおいて基本一二色からなるスペクトルでもって明確に示されている。

最後に、忘れてはならないのが『エピノミス(法律後篇)』で、これは、五つの数学的図形と、五つの自然的物体と、五種類の生きものである魂の精確な対応関係を提示している。すなわち、要素的物質のヒエラルキーの最上位にある火には、正四面体および星々が関連づけられ、二番目の位置にあるアイテールには、正一二面体およびアイテールからなるダイモーン(神霊)が関連づけられている。中間の位置では、空気に、正八面体および空気からなるダイモーンが、次の位置では、正二〇面体および水からなるダイモーンが水と結びつけられている。そして第五番目の位置では、立方体に土と人間とが対応しているのである(九八一b-九八五c)。

Ⅳ　『ティマイオス』の五つの魂

正一二面体が天空と生きものたちの可知的単位であるとすると、まさにそのことから、この図形は時間の歩みと諸々の魂の周期性を支配することになる。宇宙世界の〈魂〉は、たとえ身体よりも先に形成されたとしても、時間と天空運動の外に存在することはない。〈魂〉、宇宙世界、そして時間――これら三つの形姿は目に見えない――の生成は、〈数〉を模範とするデーミウールゴスの作用による唯一の生成にほかならない。そこで問題なのは、コーラーのパターン操作と四つの自然的要素の結合によって確実になされるあらゆる物質的必然とは別の、知性の秩序に属する模倣操作である。「ところで、時間（χρόνος）は天空とともに生まれたが、それは、両者が一緒に産み出されたのだから、万一それらに解体が到来することになった場合にも、両者が一緒に解体するようにということだったのだ」（三八b）。そして、永続的で周期的な形をとる持続のこの産出は、時系列全体にわたって、永遠に有るものをかつて範型とし、現に範型としており、またこれからも範型とする魂の産出なのである。

われわれは、時間とは「永遠《アイオーン》を写す一種の動く似像」（εἰκώ κινητόν τινα αἰῶνος, 三七d）であるとする有名な定式を前にしている。レミ・ブラグが指摘したとおり、明らかにこのアイオーン（αἰών）という語は、それが「永遠」でなく「時代」「人の一生」「時の持続」を意味する限りで問題となる。アイオーンは、永遠なる《アイオーニオス》（αἰώνιος）数の動く似像と解された〈天空〉を動かす、宇宙世界の〈魂〉を示しており、連続的に時間を浸出させる。おのおのの魂がその反映である宇宙世界の魂は、一定の数的構造をもっているからこそ万有に生命を与え、そして、すべての昼夜、すべての月と季節を支配し、より一般的には、宇宙の諸周期と、『ポリティコス（政治家）』によるとクロノスの時代とゼウスの時代のあいだに割り振られた宇宙世界の諸時代とを支配しているのである。ところでこの時間の数は正一二面体の数そのものであると思われる。第五番目の多面体が自然的要素の相互変換のなかに介入してこないのは、空間的規定でなく時間的形象と関係があるからである。『パイドン』から『パイドロス』、そして『ティマイオス』から『法律』まで、一二面体に関するプラトンの指示のすべてが何のためらいもなく明らかにしているのは、時間の周期が一二の部分に区分けされるということである。問題となっているのが、一二枚の革片でできた色とりどりの鞠であれ、ゼウスのあとについてヘスティアーの周囲を回る一一柱の神々の旋回であれ、あるいは、「一二の月そして万有の回転に対応して」（『法律』第六巻、七七一b）一二柱の神々に割り当てられた一二の部分へとマグネシア人の国家を区分することであれ、いずれにせよ空間分割を統御する時間区分は、正一二面体のもつ数によって支配されているのである。だからこの多面体は、天空、魂、そして時間の神話的形象なのだと主張できる。つまりこれは、〈生けるもの〉それ自体という知性的範型にならって考案された宇宙の合理的な規定を表現すると同時に、時間をその周期的現われに応じて生み出す魂の神話的形象を表現している。したがって、魂の不可視の時間は、正一二面体――その象徴的図形は、生けるものに基づく描画的設計図（διαζωγραφῶν）である――の模倣以外の何ものでもない。

正一二面体が、要素三角形ではなく五角形によって生み出され、そうして、その一二の面を通じて世界万有のなかに、そして諸々の魂のなかに幻灯のように五の影を投げかけるとき、魂と時間の産出が五という数と何らかの関係をもっているということが認められよう。魂が、宇宙の時間と都市国家の時間を浸出させるように、心理的時間を浸出させるのは、『ソピステス』と『ピレボス』で数が五つであると知られている存在の最高次の形相を、魂がその組成において反映しているからである。この宇宙的一致は、『ティマイオス』での五種類の魂の創造によって明らかにされている。第一段階としてティマイオスは、混合物による宇宙世界の〈魂〉の形成を説明する。これは結果として二重の四数集合体《テトラクテュス》とその宇宙的調和へと行き着くことになる。そして続けて彼が言及するのは、それぞれの魂が特定の星へと割り当てられること、そして身体に統合された魂の状況である。第二段階としてティマイオスは、〈必然〉と要素的物質の変容とに関して時間をかけて分析したすえに、人間の魂の特定の諸部分へと至る（六九c-七二e）。彼はまず、身体の一番上にあって最も高貴な部分たる頭に宿る「魂の不死なる始源」（ἀρχὴν ψυχῆς ἀθάνατον, 六九c）を区別する。魂は、それが範型とする宇宙世界の魂と同様に、知識の存在論的原理である〈同〉と〈異〉の円環から構成されている。この不死なる魂の下方に、下級の神々によって拵えあげられた死すべき魂が位置している。死すべき魂は頸の峡部によって不死なる魂から隔てられ、胸郭内にその座をもっている。しかし、何事にもすぐれた部分と劣った部分とがあるので、ただちに神々は死すべき魂を二つに分け、横隔膜を境としてその両側に二種類の魂を離しておいた。すなわち、勇気をそなえていて、不死なる魂の道理に従う魂は、頭に近い、横隔膜と頸のあいだに住まわせられ、他方、食物を欲しがり欲求しか知らない魂は、その秣桶〔胃〕には近く、理性的な魂の部分からは可能なかぎり隔たった、横隔膜とへそのあいだに置かれている。

魂の分類作業は、欲望的魂の自然本性が必要とする肝臓、脾臓、腸の働きをティマイオスが説明する七一aの個所で中断される。彼が続いて検討するのは、人間の身体諸器官について、そして身体および魂の病についてであり、対話篇の終わりの九一a－dでようやく最後の種類の魂に立ち返るのである。すなわち、神々は人間の種族のなかに性交に対する抑えがたい欲求を吹き込んで、そして、性的結合ができるように「魂を備えた生きもの」（ζῷον ἔμψυχον, 九一a）を男のなかにも女のなかにも組み込んだ。だから、種子を形成する髄は、陰茎を通じて呼吸する「魂」を備えており（ἔμψυχος）、貪欲に外へと流れ出ようとし、他方、女にあっては、子をつくりたいと欲求して子宮が動揺する。そしてわれわれは、魂の五つの形態の分類に至り着く。一番高いところには、宇宙世界の〈魂〉があり、万有全体にその周期的運動を付与している。次にくるのが思考する不死なる魂で、これは頭のなかにある。次が、頸の下に位置する、勇気を備えた死すべき魂。ついで、腹部にあって欲求しか知らない死すべき魂。そして最後にくるのが、生殖器の部分に位置する魂で、これは性衝動に駆られる死すべき魂である。宇宙世界の四要素の構成においては、空気と水を中間におくことによって火と土が別々に隔てられていたが、その場合と同様に、人間の魂の四原理の構成は、すなわち、次のような調和的性質をもつ外項と内項のあいだの連比に従っている。

$$\frac{\text{理性を備えた魂}}{\text{勇気を備えた魂}} = \frac{\text{勇気を備えた魂}}{\text{食物を欲求する魂}} = \frac{\text{食物を欲求する魂}}{\text{生殖を欲求する魂}}$$

正一二面体が、〈万有〉の球体内部での四種の物質のさまざまな結合と無縁なままであるのと同様に、人間の四種の魂は、万物の起源である宇宙の〈魂〉によって生命を与えられる身体の内部で、その諸規定を交換する。こうして魂と正一二面体とは、天空の転回に生動を与える時代持続の二重にして唯一の相貌なのである。

第五章　ノモス——国家

ロゴス、エイドス、そしてコスモスをめぐる哲学者の回り道は、哲学的問答法の旅が彼を国家——すなわち、ヘシオドスで登場する女神ネメシスの庇護のもとで、法が分け前として与えられる、そのような国家——の直中へと連れいってはじめて意義をもってくる。つまり、人間存在が意味をもつためにどうしても必要なのは、天空と大地のあいだで神々と人間とを支配している法を遵守することであり、そしてまた、あらゆる事物を正当な分配において結びつける紐帯を見出すことなのである。ネメシスの怒りが違法を前にして生まれるのだとすれば、ギリシア語で、ノモス（νόμος 法）、ネメシス（νέμεσις 法にかなった分配）、そして法に刃向かう者たちを前にして憤《ネメサエイン》るネメシス（Νέμεσις 分配の女神）の三語が関連づけられているのもうなずける。

プラトンは、「正義女神ディケーの使者」（Δίκης ἄγγελος）である女神ネメシスが、われわれのいきすぎた振る舞いをふさわしい罰によって処罰する権能を有していることを承知している（『法律』第四巻、七一七d）。同じ個所では、神々の秩序をないがしろにする者たちに罰が課せられるのは正しいことだとする判断がはっきりと述べられている。オルペウス教の伝統に従うと、「存在するあらゆるものの初めと中間と終わりとを掌握」している至高なる神は、宇宙《コスモス》の転回運動を正しく規制している。この神に随行するのが、「神の法から逸脱する者たちを罰して、その法の恨みをはらす正義の女神」である（七一六a）。おそらくこのテクストは、大宇宙（マクロコスモス）と小宇宙（ミクロコスモス〔＝人間〕）を支配する普遍的な形の正義を明らかにした最初の哲学的テクストであろう。したがって、法律に対してなされた侮辱は、それが宇宙万有の秩序を乱すものである以上、神々に対してなされた侮辱にほかならないという結果になるのである。森羅万象の〈分配〉を言明するノモスと結びつけられるのがネメシス、つまり人間たちの収奪に憤り、犠牲となった者たちの恨みをはらす正義の女神なのである。だから倫理学と政治学は、正義の強い要求――すなわち、可知的領域に君臨しながら、可感的世界とその内部の国家ならびに人間自身とに必然的にみずからを課してくる、そんな正義の要求――に従わなければならない。ヘシオドスは五つの種族をめぐる神話の終わりに、災悪のなすがままとなっていた大地をうち捨ててオリュンポス目指して離れ去った二柱の節度の女神アイドース（恭敬）とネメシス（尊敬）に言及していたが、これに対してプラトンは、死すべき者たちに法規範を思い起こさせて「国家の秩序」（πόλεων κόσμοι）を整えるために、ヘルメスを遣いとしてアイドース（慎み）とディケー（正義）という一組を彼らのもとに送らせることになる（『プロタゴラス』三二二c‐d、『法律』第一二巻、九四三e）。

I　魂の四つの徳

現実存在のうちに倫理的（エティック）秩序を識別し、何が人びとを国家において住み家《エートス》（ἦθος）をもつにふさわしい存在とするのかを示す能力があるかどうかが、哲学を計る試金石となる。利益と社会的慣習に執着するソフィストの相対主義に抗して、プラトンは理性的な道徳を基礎づけようと試みる。この道徳は、あらゆる事物を支配する普遍的法を、魂の徳に配慮することで再び見出すものである。そのような考え方は、歴史的な理由からしても哲学的な理由からしても、基本的に優秀者支配制的な考え方である。vertu（徳）というフランス語で訳されるギリシア語アレテー（ἀρετή）――これは動詞アガマイ（ἄγαμαι 賞賛する、敬う）からの派生形容詞アガトス（ἀγαθός よい、優れた）から形成されている――は、人の卓越性を表わしている。ギリシア文明の伝統的な見方では、ある人がすべての人のなかで「最も優れた」（ἄριστος）者とされるのは、まさにこの卓越性ゆえなのである。ここで想い起こされるのは、『イリアス』（第六歌、二〇八行）でヒッポロコスが息子に与えた次のような助言だろう。すなわち、「どんな場合でも最も優れた者であり、他のすべての者たちに抜きん出ているように」（αἰὲν ἀριστεύειν καὶ ὑπείροχον ἔμμεναι ἄλλων）。

プラトンのアレテー（ἀρετή）は、四つの異なった徳として展開される。これらは、万人が共有する徳のその単一性を疑わしいものとする。相互に還元不能な複数の徳を区別すること、それは、多くの階級とは言わないにしても多くのタイプの人間を区別することであり、これはもうそれだけで人間を階層化することである。多数性は、価値の体系を決定するのに利用されるかぎりで、優秀者支配制的秩序の原理と解されうる。その場合に問われるべきは、プラトンにおいてこの多数のアレテー（ἀρεταί）の選択を哲学的に正当化するものとは何であり、また、逆説的だがただひとつの原理に従っている心理的、倫理的、そして政治的なシステムのなかで、それらのアレテーを統一するよう彼を駆り立てるものとは何なのか、ということである。『国家』の著者〔プラトン〕もまた、単一原理に従う統治形態を規定するために「王制」について語るとともに、それと区別することなく、全統治形態のなかで最良のものを示すために「優秀者支配制」についても語ることとなる。

まさに『国家』第四巻でソクラテスは、非の打ち所のない優れた国家を描写するとき、その国家が「知恵のある」（σοφή）、「勇敢で」（ἀνδρεία）、「節制があり」（σώφρων）、そして「正しい」（δικαία）ものでなければならないと強調する。ここには『プロタゴラス』での五つの徳、つまり「知恵」（σοφία）、「勇気」（ἀνδρεία）、「節制」（σωφροσύνη）、「正義」（δικαιοσύνη）、そして「敬虔」（ὁσιότης）のうちの四つが認められる。少し前の三三〇b（『プロタゴラス』）での同じ分類では、「知恵」（σοφία）の代わりに「知識」（ἐπιστήμη）の名が挙げられていた。ソクラテスは、考察対象の徳が見出されたのち、残っている概念が探し求めていた概念であると結論する剰余法を用いて、徳の数はまさしく四であると明らかにする。だから、最後に残った徳である正義が、初めから探していた徳であるとともに、知恵と勇気と節制について語っていたあいだもわれわれの目の前にあった徳ということになる。われわれはそれをすでに「手の中」に、あるいは「われわれの足下」(『国家』四三二d)にもっていたのに、遠くのほうを探していたのだ。

　モデル国家が備えている知恵は、『プロタゴラス』においてと同様に「知識」と同一視されるが、これは、個別の社会活動ではなく国家全体のことを審議する全体的活動に関わる。この知恵は、国家の最上位の階層にあって国家を守護する任に就いている人びと、すなわち「まったき意味での守護者たち」の階層のうちにあり、しかも彼らの数は他の市民たちに比べて少ない。鍛冶屋と比べても執政者のほうが少ないだろう。なぜなら、エピステーメー(知識)が個別の実用的知識とは明確に異なる以上、国家全体に関する知識を備えることのできる者、換言すると普遍についての知識に到達しうる者は、ごくわずかしかいないからである。勇気はどうかというと、これは、自分たちの国家を防衛するために戦う市民に関わる徳、つまり執政者もその出身である法の守護者たる軍人に関わる徳である。というのも、勇気とは、法が教育を通じて作り上げてきたものを、恐怖や快楽や苦痛に対抗しながら、保持する徳だからである。「法律のこのうえなく美しい色の染料」を受け取り、染められる用意のできた生地のように、その褪せることのない染め色を身につける人びとのみが、何を恐れ何を恐れるべきでないかについて正しい見解を保持することのできる人である。だから、身体と魂の教育を通じていっそう強固になるそのような徳は、これもまた先の知恵と同様に「政治的」な徳なのである。

　では節制についてはどうだろうか。それがもつ資格は、最初の二つの徳と比べても個性的である。知恵と勇気とは、執政者という一階層と、守護者という一階層によって具体化される本質的な単一性をはっきり示していたが、節制は、人間が追い求める快楽や熱情のあいだの一種の「協和」(συμφωνία)や「調和」(ἁρμονία, 四三〇e)として現われているのである。このシュンポーニアーそしてハルモニアーという語は、ギリシア音楽においては、最初の協和音程であるオクターヴから二オクターヴまで続く、数学的比率に従った音の階層を意味している。ハルモニアーは音程の順序と音高に応じてさまざまな旋法を区分する。かくしてソクラテスは、ソープロシュネー(節制)をコスモス(κόσμος)つまり「秩序あること」と呼んで、この徳に宇宙的規定を与えている。節制は、職人から執政者まで国家の三つの階級のそれぞれに存していて、ちょうど完璧な調和を生み出す低音のように、市民たちの一体性を――その階層が下位であろうと、上位であろうと、あるいは中間であろうと――基礎づけるものなのである。「節制は、国家の場合であれ個人の場合であれ、劣ったものと優れたもののあいだで、どちらが支配すべきかを決定するうえで成立する協調(ὁμόνοια)であり自然本性的調和(κατὰ φύσιν ξυμφωνίαν)なのだ」(四三二a-b)。

アレテーに意味があるとすれば、それは、倫理的領域と政治的領域にわたってその秩序が及んでいるひとつの世界に自分が属しているのだと人間に知らしめることにある。正義が、魂の三つの徳それぞれの特殊性つまりそれぞれの階層を堅守しながらも、その三者を完全な調和へとまとめ上げるために、第四元として加わってくると、すぐにわれわれは、のちに聖アンブロシウスにより枢要徳という標準名が与えられることになる徳の体系を獲得する。ソクラテスはその後も二度にわたり次のことを繰り返す。つまり、考察されている徳のおのおのにとって正義とは、自分自身のものを所有し、自分の務めだけを果たすことにほかならない。われわれは『法律』(第一巻、六三一c-d)において、同じように四つの徳が分類されているのを再び見いだす。それらは知恵、節制、正義そして勇気という四つの神的善という形をとっており、魂においては「知性」(νοῦς)、国家においては「法」(νόμος)という名をもつ第五番目のもとへと二重に方向づけられている。『国家』で提示されている四つの徳は、階層をなしつつ、第四のものとして介入してくる正義によって統一されるものであるが、『法律』で区分されている四つの善は、それらと同じ名前ではあるが、第五元として介入してくる知性あるいは法との関係においてのみ意味をもつものなのである。

II 魂の三つの働き

このあと目を引くのは正義である。これは、魂の四番目の働きや国家の四番目の階層と結びつく第四の徳といったものではない。正義は、魂の諸機能および国家の諸機能の自然本性的階層性にほかならない。正義のうちには、三つの徳を支配する同一性の原理——そのおのおのがまさにその当のものであるのは、それぞれが固有の機能を果たすことによってである——と階層性の原理が認められる。すなわち、正義によってこれら三つの徳は生み出され、かつまた自分以外の二つの徳と秩序をたもつものとされる。国家と個人との対比は倫理的要請に基づいている。国家の品性は市民の品性に由来するのであり、これは結局のところ、正しい国家を設立するためには国家を変える必要はなくて、まさに市民をこそ変えるべきであるということなのである。なぜなら道徳的・政治的変革の唯一の手段は教育だからである。政治を指揮し、政治に対して支配的な位置にあるとも言えるのは、『国家』を締めくくるエルの神話が示しているように、倫理である。つまり、世界の中心で魂が選び取るのは、他の人間への魂の生まれ変わりを可能にしてくれる運命なのである。

ソクラテスは、別の面から正義の問題に取り組むために、徳を三つの部分――知恵、勇気、そして節制――に分ける作業を放棄する。倫理的分析から心理的分析へと移行するなかで、彼はまずもって魂における二つの部分――その二元性がはらむ緊張は弛むことがない――を、今度は理知と欲望の分析に基づいて規定しようとする。主人が自分の奴隷の奴隷とならないために、魂の最良の部分は第二番目の部分を支配しなければならない。それは国家における階層がどのようなものであってもである。あらゆる魂のうちで、直接的欲求を行使しようとする欲望と、その実現を遅らせようと努める理知とのあいだで絶えざる戦いが生じる。国家と同様に人間においても、最良のものと最悪のものとの調和を確保しながら、魂の劣った部分を優れた部分に服従させること、つまり情動を理知の庇護のもとにおくことが正しいことなのである。

三つの機能は魂の三つの本質的活動を明らかにする。すなわち、第一の機能により魂はものを学び、第二の機能により魂は怒り、第三の機能により魂はさまざまな快楽を追い求める。要するに、理性、気概、そして欲望である。これら三種の活動は別々のものなのか、それとも魂が全体としてもつただひとつの活動へと帰着するのか。この点を見定めるためにプラトンはもはや心理的ではなく論理的な原則を用いる。つまり矛盾律である。アリストテレスの『形而上学』に先んじて初めてこの原則が表明されているのは、魂の自己分裂という心理学的文脈においてであり、これは次のようなものである。「明らかに、同一のものが、少なくとも同一の観点から、しかも同一のものとの関係において、同時に、相反する行為をなしたりなされたりすることを受け入れることはないだろう」（『国家』四三六b）。

もしわれわれが人間と国家とにおいて相反する結果を見出すなら、われわれは多数の原理に従う相反する諸原因を想定するにちがいないだろう。プラトンは矛盾律を、純粋に因果関係の形で解釈している。すなわちそれは、「同一の原因はつねに同一の結果を生む」というのではなく、むしろ、補完的であるが、「結果が異なれば原因も異なる」ということなのである。なぜなら、ただひとつの原理が別々の異なる結果を生み出すことはできないだろうからである。独楽は、それが静止していると同時に動いていると信じることがひょっとしたらできるかもしれないが、現実にはそれは、中心軸——独楽は理論上そこから離れないものとする——の不動性からすれば静止しており、独楽の回って動いている周辺部からすれば運動しているということなのである。これと同様に、同一の人において、一つの原理が何かを——たとえば飲むことを——欲求し、そしてそれにもかかわらずその人が飲むことを我慢するのは、飲みたいというこの欲望を、それとは別の原理が抑制するからである。魂のひとつの部分が飲むことを欲求し、そしてそれとは別の部分がそれを禁じる。同一の部分ではそういうことはありえない。われわれは最初の部分に「欲求的機能」（ἐπιθυμητικόν）を、後者の部分に理知（λογιστικόν）を認める。理知が、何ひとつ欲求せずひたすら思考をするのに対して、欲望は見境なく欲求して思考はせず、つまり本性的に「非理知的」（ἀλόγιστον）である、というようにこの両者はまったく正反対のものであることが明らかとなる。

ところで、自分自身に憤りながらも、結果として自分の欲望のほうに従うレオンティオスの逸話が示しているとおり、憤慨の感情としての「怒り《テューモス》」（θυμός）は、理知とも欲望とも異なっている。みずからの理知にもかかわらず欲念に引きずられる人は、自分自身に対して、というよりむしろ、他を圧してどんな助言にも耳を貸さない自己のこの部分に対して、憤ることとなる。だから、怒りはことわざにあるような危険な助言者ではないのである。心の憤慨は、知性にとって自然本性的な同志であって、道徳的義憤こそが法の道を示すのである。怒りは、テューモエイデス（θυμοειδές 気概的部分）として、まさに「第三」（τρίτον, 四四一a）のものであり、この感情の激しさは、イデアに照らしてあらゆる事物を見る魂の上位部分と、分別をもたないままに生きる魂の劣った部分とのあいだの媒介者である。われわれは、馬の歩調を整える馭者、有翼の二頭立て馬車を牽く調教された白馬と手におえない黒馬、これら三者で示されていた『パイドロス』での魂の三区分を、論理的な形において再び見出すのである。正しい魂とは、馭者の声に耳を傾けてよき馬を自分のために奉仕させる魂のことである。

したがって、国家は、万人の善のために正しく階層化された別々の三つの活動、すなわち、統治、法の守護、そして財の産出という活動に立脚しているが、これに対して魂は、三つの異なる働き、すなわち思考、情動、欲求という働きを実行する三つの原理をよりどころにしている。理知（τὸ λογιστικόν）は知恵のおかげで魂全体を統率する。心の熱情（τὸ θυμοειδές）は理知の支援にまわる。そして最後に、魂のなかで最も大きな場所を占める欲望（τὸ ἐπιθυμητικόν）は、プシューケー（魂）の階層的秩序——これが正義にほかならない――に服従する。ここから導出される必然的結論は次のようになる。つまり、政治が外的行為のみを考察するのに対して、人間の行為の内的秩序と解される倫理的正義は、「ちょうど音階の三つの音、つまり最高音と最低音と中音、そしてこれらのあいだに存在しうるすべての音を調和させるように、その魂の三つの部分を完全に調和させる」(『国家』四四三d‐e)。言うまでもなく、最低音つまり完全な調和を生み出す音が、ギリシアの八弦琴の最も高い位置にある弦ヒュパテーによって象徴されていた理知(λογιστικόν)の音である。

倫理的なレベルで魂の徳である知恵と勇気と節制を考察するにせよ、心理的なレベルで魂の能力である理知と熱情と欲望を考察するにせよ、正義とはつねに、考察されている諸部分――それが支配的な部分であろうと従属的な部分であろうと――のあいだの階層秩序を確立することにあり、これに対して不正とは結局、統率することとされることのあいだの自然本来的な関係を転倒させてしまうほど、この秩序に大混乱をもたらすものなのである。

Ⅲ　種族に関するヘシオドスの神話

国家を三つの階層に分割することについては政治的な面からその正しさを証明する必要がある。ソクラテスが早くに頼みとしていたのは、「高尚な作り話」(『国家』第三巻、四一四c)と言われているものである。これは〈大地〉から生まれた人間たちの話で、種族をめぐるヘシオドスの神話〔『仕事と日』一〇六-二〇一〕を援用したものである。ただしソクラテスは、この詩人の物語る五種族（金の種族、銀の種族、英雄の種族、銅の種族、そして鉄の種族）を四つに、ついで金属の名をもつ四種族を、古拙期の三時代神話へと立ち返って、三つに減らしている。すなわちソクラテスが想起させるのはカドモスをめぐる物語である。それによると、ゼウスにさらわれた姉妹エウロペの捜索に出たカドモスはボイオティアで泉――そこは、デルポイの神託がカドモスに国を建設することになろうと予言していたところである――を守る竜を殺した。彼がその竜の歯の半分を播くと、大地から多くの武装した戦士が湧き出て、同士討ちをして死んだ。そのうちで生き残った五人がスパルトイすなわち「播かれた者たち」であり、カドモスのテバイ建国の手助けをしたのである。大地から生まれた五人の英雄の誕生と結びついた、国家建設をめぐるこの大地神話は、その反響を『パイドン』（九五a-b）において見て取ることができるが、プラトンの語る物語――これは、ヘシオドスの神話から着想を得ることで、国制の諸形態とそれらに対応する魂の形成過程を練り上げている――でのさまざまの修正点を告げている。

プラトンは重要な二点についてヘシオドスの物語に改変を加えている。まず第一に彼は、英雄の種族――ソクラテスはこの種族が、神々、ダイモーン（神霊）、英雄、冥府ハデスの死者、人間、というどんな神話でも語られる五種の存在のうちのひとつに関係していることを認める（第三巻、三九二a）――を削除するとともに、人間の種族を、金属の自然本性をもつものとしている。第二に彼は、正義（δίκη）と暴慢（ὕβρις）のあいだで引き裂かれているヘシオドスの第五の種族のような二元性をもつ第三の種族を作り出すために、銅と鉄を混ぜ合わせる。混合されたこれら二種の金属については、第八巻（五五八d‐五五九c）での心理分析――これは、欲求する魂が必要な欲望と不必要な欲望のあいだで分裂するときのその二元性を明確にする――を抜きには語れない。魂のこの劣った部分は、職人の階層に似ていて、あまりに種々さまざまの形態をもっているがゆえに、ソクラテスはこれに単一の名を与えることができない。したがって、銅と鉄の混合は、無限定《アペイロン》なものである暴慢に従属している欲望の無限定的本性を象徴的に想起させる。

プラトンにおいて最初になされるのは、魂の三区分図式にのっとった構造上の分割であり、その目的は国家の五形態とそれに対応する魂の五形態を描くことにある。ヘシオドスの五時代説話は、生成から構造へと遡りながら、三タイプの宗教的機能、つまり王の絶対的主権、戦士の力、そして農民の多産性の三つの区別に到達していた。これに対してプラトンの三つの魂は、逆に構造から生成へと下りながら、人間の五つのタイプへとわれわれを導いていく。三元構造によるアナロジーの展開は、ヘシオドスよりもプラトンのほうが多彩である。というのも魂の三つの働き――理知、熱情、欲望――に対応して、頭と心と腹という身体の三部分があり、知恵と勇気と節制という三つの徳があり、執政者と法の守護者と職人という市民の三階層があり、同様にまた、金、銀、そして鉄と銅の混合という三つの象徴的金属があるからである。

プラトンは、魂の存在論的構造から、諸国制およびそれらと親近性をもつ人間の自然本性的生成へと視点を移しながら、魂のこの三区分を国家の五段階周期へと変換する。ヘシオドスの『仕事と日』は、人間が神々のもてあそぶ玩具となっている諸時代の循環図を示していたが、この変換によって『国家』第八巻は、人間だけの力によって推進される循環的歴史という最初の着想を提示する。人間は、神の監視下にあるにせよないにせよ、『ポリティコス（政治家）』でのように、宇宙の循環周期と一体となった諸時代の全周期の最後段階まで行かなければならないのである。

ヘシオドスがプラトンに遺贈しているのは、五つの時代が生まれ、それはどんな新しい誕生も不可能となる不毛の時代で終わる、という着想である。『国家』第八巻では、魂および国家の各機能間の一致協調の崩壊——不正はまさにそこに存する——が、五つの国制と五タイプの人間の循環周期を、それらの相互的生成を通じて最終段階にまで否応なく導いていくことを明らかにしている。それらの最終段階とはすなわち、独裁僭主制の絶対的な不毛性によって特徴づけられる無限定《アペイロン》なものの世界である。プラトンは、ヘロドトス（『歴史』第三巻八二）で見られる国制の形態の伝統的な三分類を修正し、五つの国制を通時的に整理してみせる。彼は『国家』および『ポリティコス（政治家）』において三つの独自の要素を介入させており、これらは、五つの時代を分類する際にそのなかに組み込まれることになる。その三要素とは、①魂および国家を三部分からなるものとして構想する——これが安定した形の人間的正義を表現する——という原則。②魂と国制は身体の生成にならって一定の循環周期のもとで相互に生成し合うという前提。そして③衰退していく生命にあっては死がその最終段階であるということに従い、国家および魂は頽廃をまぬがれえないとする直観、である。人間の歴史のさまざまな循環周期に関わるエントロピー原理は、宇宙万有の変革周期に関わるエントロピー原理の再現である。

市民つまりはその魂、あるいはもっと正確にはその性格に（ἤθων）病があるように、国家にも病があるなら、その治療をするために、共同の「竈」という必須不可欠の紐帯を検討する必要がある。ソクラテスは、第四巻の終わりで初めて市民に関わる最初の命題を次のように表明していた。「国制のあり方に五つ、魂のあり方にも五つの形態がある」（πέντε μέν πολιτειῶν, πέντε δὲ ψυχῆς 四四五d）。ソクラテスは、外海で泳ぐ者の気力をくじく三つの大浪――すなわち、女性に関する法の制定の問題、女性と子供と財産を共有することの問題、そして最後に哲学者の権能の問題――にひるまず立ち向かったのちに（四五七b-四七三c）、第八巻で国制の形態分類に立ち返る。彼は探究の糸に導かれて再度改めて同じ分類に言及することになる。「国家の形態が五種類（τὰ τῶν πόλεων πέντε）あるとすれば、個々人においてもまた五種類の形態の魂（τῶν ἰδιωτῶν τῆς ψυχῆς πέντε）があることになるだろう」（五四四e）。

王制に対応するのは、完全に善くかつ正しい王制的な人間であり、名誉支配制に対応するのは、つねに名誉を愛求する名誉支配制的な人間であり、寡頭制に対応するのは、次々と新たな富を渇望してやまない寡頭制的人間である。民主制には、自分のうちにあるすべての欲望に服従する民主制的人間が対応する。最後に、僭主独裁制には、その粗暴さが父親殺しや近親相姦、法の侵害をもたらすような僭主独裁制的人間が対応する。ヘシオドスの詩が教えていたのは、後裔もいなければ死後の運命ももたない鉄の人間たちの到来をもって、諸時代の周期はすべて尽くされるということだった。プラトンでも同じように、暴力が法に取って代わる僭主独裁制の登場によって、国制の周期の終わりが印されるのである。この最終段階は不毛と死とを運命づけられている。それというのも、プラトンの描く僭主は自分自身の親に敵対し、父親と母親に暴力を振るうからである。僭主は、もはや夢想のなかで近親相姦を犯したりあるいは父親殺しを果たすだけではおさまらない。彼の振るう暴力は、自分の父母に対するものから、みずからの父なる国《パトリス》、あるいはクレタ人たちが言うように「母なる国《メートリス》」に対するものへと移行していくことになろう。

Ⅳ 魂の五つの形態

二つの神話の対比はこれで終わるわけではない。詩人ヘシオドスは五つの勢力カテゴリーに言及していた。すなわち、上位のダイモーン（金の種族）、下位のダイモーン（銀の種族）、ハデスの住人（銅の種族）、死後にその地位が向上することのない英雄たち、そして最後に、過去の人間たち（鉄の種族）である。プラトンが挙げる一連の神話的存在と、ヘシオドスが語る彼岸の存在とを比較してみよう。詩人ヘシオドスでは、上位のダイモーン、下位のダイモーン、ハデスの住人、英雄、そして過去の人間となっており、哲学者プラトンでは、神々、ダイモーン、ハデスの住人、英雄、そして過去の人間となっている。これら二つの分類は合致していないが、その理由は、ヘシオドスがオリュンポスの神々を人間の周期と無縁のものとしたうえで、五種族との平行関係を保持するためにダイモーンのカテゴリーを二つに分けているからである。これに対してプラトンでは、神々を参入させ、そしてまた、二つの階層のダイモーンを一本化することで、すべての神的存在に言及し、また、その神的存在を、三つに縮減される金属の種族とではなく、五種類の国制および五種類の人間の性格と比較対照することができるのである。この二つの場合において、われわれの面前には、ペアをなす時代が二組、そして先行するそれらとは無関係の最後の時代——つまり鉄の時代あるいは僭主独裁制であり、いずれにおいても生まれ出るものが尽き果ててしまうがゆえに等しく不毛な時代である——からなる五時代の循環周期がある。

『ポリティコス（政治家）』ではヘシオドスの神話を反映した点がもう二つ見て取れる。もはやエレアからの客人は、さまざまな国制をソクラテスのようにその発生を基点に区別することはせず、むしろ、市民の数、富裕か貧乏か、強圧か自由か、成文法が制定されているか法律なしか、という一連の合理的基準に従って区別する。プラトンはいつものように三元からなる秩序というものをよりどころにしている。すなわち、単独支配者制、少数者統治制、そして多数者統治制である。ところが、この分類を立憲政体か非立憲政体かで二分するとき、プラトンは国制の種類を六つでなく五つに保つ。すなわち、単独支配者制には僭主独裁制と王制の二種類があり、少数者による統治制も同様に優秀者支配制と寡頭制の二種類がある。民主制のみは、法による統治とそうでないものとで二つの異なった形態を呈するのであるが、名前は同じままである。エレアからの客人も次のような言葉でその分析を締めくくっている。「現に区別されている国制の数は全部で五つだけ（πέντε μόνον）となる」（三〇一b）。

ところで、プラトンは、民主制の第二の形態に対して第二の名前——「ポリーテイアー」（πολιτεία）あるいは「オクロクラティアー」（ὀχλοκρατία）——を与えるとしてもアリストテレスやポリュビオスほどに支障を感じることはなかったであろう。プラトンは国制の分類に当たり、よくよく考えて五という数を選んでいるのである。それゆえ、『ポリティコス（政治家）』でも『国家』でも、たとえ考察されている統治形態が対応していなくても、論理的な二分法の原則ないし神話における生成の原則に従ったそれぞれの分類は、一貫して一連の五つの名前を再現しているのが明らかである。プラトンは、魂、国家、そして世界の各循環周期を検討するとき、四元分類（四つの徳）から五元分類（人間の五種類の性格と五種類の国制）へと移行する。そのたびに、全体を規定する一連の要素、つまり魂と国家の三機能、あるいは四種類の統治形態と四タイプの人間は、一つの元――それが、その総体のうちに内在したままとどまるにせよ（三つの徳に対する正義がそれである）、超越したままであるにせよ（不完全な四種の国制に対する王制がそれである）――によって統合されているのである。

ものの実有をその静態的な構成において規定することが主題となるたびに、四元分類がからんでくる。これに対して五元分類は、実有が生成すること、すなわち実有が時間のなかに存在することが分析によって明示されるたびに現われてくる。だから、国制の系譜と、人間のさまざまな性格の生成は、「完全数」（ἀριθμὸς τέλειος）、つまり、おそらくピュタゴラス派の伝統のなかで「結婚数」と呼ばれていた「五」という数（πέντε γάμος）によって支配されている（『国家』第八巻、五四六b‐五四七b、マティ、一九九六年第三章）。この数は、時間のなかの存在に、そして誕生と転生の過程にある魂の周期に結びついている。プラトンが、五という数の象徴的な側面を強調しないままに、一貫してこの数を国家の周期性にも魂の周期性にも付与していることに気づかれるだろう。それゆえにプロクロスは、のちにその『「ティマイオス」注解』（III、二三二）において、「魂が、四オクターヴに次いで五度の協和音も自分自身で含んでいるのは当然のことである」と書くことができるのである。

この音楽的協和の例は諸々の対話篇において数多く見出される。なかでも最も注目に値するのが『法律』（第一巻、六四四d‐六四五b）における操り人形の物語である。人間は神の手に握られた玩具にすぎない。もっとも、この操り人形遊びが、神の気晴らしを示すものなのか、それとも真剣な作業を示すものなのかわからないが。そして人間の魂は、二組のペアをなす情念と臆断とに従属している。つまり、現在の生に関して忠告をする快楽および苦痛という相反する忠告者、そして将来のことについての二通りの臆断、すなわち予期される苦痛への恐怖と期待される快楽への信任である。魂のこれら四つの状態に加わってくるのが、善し悪しに関する「分別」（λογισμός）で、これは国家において「法」（νόμος）という名前をもつ。硬くて雑多な形態を有するこの四種の鉄の絃は、魂では「理知」、国家では「共通の法」という二重の名前のついた第五の「神聖なる金の絃」が牽引する力に抵抗する。どんな状況においても人間が従うべき唯一の牽引力とは理知の力であり、また、国家内部へ理知を投影して理知を法へと仕立て上げる力である。ヘシオドスの神話を譬えに引いて手短に言えば、「金の種族」が他の種族に打ち勝つことになるのは、ひとえにこの後者の力のおかげなのである。

魂の牽引力に関するこの分類は、同じ巻で、それぞれ五つある人間的な善および神的な善からなる階層によって強化されている。まず、小さいほうの善は、神的な善――「思慮」（φρόνησις）、「魂の節度ある状態」（σώφρων ψυχῆς ἕξις）、「正義」（δικαιοσύνη）、そして「勇気」（ἀνδρεία）――に倣って全部で四つあり、すなわち健康、美しさ、力強さ、そして富がそれに当たる（第一巻、六三一c-d）。しかしこれらの人間的な善は、上位の神的な善を目指す場合にはじめて意味をもつ。これに対して神的な善のほうは、それらすべてを超越した「至高なる知性」を目指す。クレイニアスは、第一二巻で再びこの分類を取り上げることになる。ただし今度は「徳」について語っており、四つの枢要徳全体はただひとつの知性を目指さなければならないとされている（九六三a）。

類似の分類は『法律』の個所で見て取れ、そこでは魂の特性の数が相変わらず五であることが示される。この特性とは、「臆断」（δόξα）、「配慮」（ἐπιμέλεια）、「知性」（νοῦς）、「技術」（τέχνη）、そして「法」（νόμος）である（第一〇巻、八九二b）。『パイドン』はどうかというと、魂は五つに分類されるという前提を確認している。魂の不死論証という美しい危険を冒した後でソクラテスは、「節制」（σωφροσύνη）、「正義」（δικαιοσύνη）、「勇気」（ἀνδρεία）、「自由」（ἐλευθερία）、そして「真理」（ἀλήθεια）という、魂自身の「飾り」（κόσμος、一一四e）と彼が呼ぶ五つの徳を魂に認める。これらは『国家』での四つの枢要徳のうちの三つとだけ合致しているが、数の点では『プロタゴラス』の五つの徳と一致している。『プロタゴラス』が、相変わらず全部で五つである徳の別のリスト――つまり「知識」、「正義」、「勇気」、「節制」、そして「敬虔」であるが、同様の分類で「知恵」が「知識」と入れ替わっているものもある――を提示していることからすると、プラトンは、二つの異なる文脈で二度にわたって五という数に言及して（πέντε、三四九b二と三五九a五）、これを魂の本来的な能力と結びつけるために保持しようと努めているのだと考えられる。

第六章　ミュートス——神話の教訓

シャルル・ミュグレは、『ティマイオス』での素材の四様態を組成する原子《アトム》的な三角形に、「自然的事物の諸変容における不変の要素」を認めていた（一九六〇年、二一頁）。神話の諸作用のなかから不変の要素——それは、これら自然的事物の諸変容および宇宙の骨組みを作り上げる合理的諸作用と無関係ではない——を抽出することは可能である。知識をもたらす要因の数が偶然の産物でないことを確信するには、その要因の分類を考察すれば事足りる。じっさい、『第七書簡』の哲学的余談は、あらゆる事物の本質を確定していくために知の周期がたどる五つの段階を規定している。

　そこで、円（κύκλος）があるとしよう。まず第一の契機は名前（ὄνομα）である。すなわち、円とは「それについて語られ、また今われわれが発音するまさにその言葉を名前としてもっているその当のもの」である。第二の契機として定義（λόγος）がある。すなわち、円とは「周端からその中心に至るまでの距離が、あらゆる方向において等しいもの」である。第三には、描かれた図像（ζωγραφούμενον）。円は、「描かれたり消されたりする図、轆轤《ろくろ》で回されたり壊されたりするもの」である。第四の契機が、知識（ἐπιστήμη）である。これは、円についての知性による把握であり「真なる思いなし」であって、人が発する音声のなかにある（第一と第二の契機がそうである）のではなく、またさまざまな物質の形態のなかにある（第三の場合）のでもなく、「むしろ諸々の魂のなかにこそ」ある（第四の場合）「ただひとつの要因」をなす。そして探究の順序では五番手だが存在の序列では第一の契機が、「円そのもの」（αὐτὸς ὁ κύκλος）である。これにもっとも接近しているのは、その前の第四番目のものであり、これと対照的に、最初の三者はそれからはるかに隔たっている。これら四つの契機は、「第五番目のものについての知識」（τελέως ἐπιστήμης τοῦ πέμπτου, 三四二e）の基礎をなすものである。

　五つの要因からなる知の周期をめぐるこの論述は、「神話」――それは、問題となるのがイデアであろうと、数学的図形であろうと、生けるものであろうと、また魂であろうと、ともかくあらゆる事物の核心へとわれわれを導くものである――とはっきり呼ばれているが、そこで五回にわたって五という数が言及されているのに気づかれるだろう（三四二a八、三四二d二、三四二e二、三四三a七、三四三d三）。この神話数は、実在の周回の暗号として、そして万有の数を模倣する魂の歩みの暗号として、再び現われる。プラトンにとって魂は宇宙世界の第五元素であり、その全体において知の正当なプロセスである。

もし、「どのようなことがらにおいても、その始めこそがもっとも重要なものである」（『国家』第二巻、三七七a）とすると、神話の機能は、あの最初の沈黙を破り、人びとに神々の言葉を伝えて宇宙世界の形姿を思い起こさせることにある。とはいえ、プラトンはしばしばこうした荒唐無稽な物語を嘲笑しており、彼の最初の神話であるプロメテウスの物語がひとりのソフィストの口から語られているというのも意味深長である（『プロタゴラス』三二〇c－三二二d）。神話を語る者の論述は、神話の物語が幻想の威光にひれふすがゆえに、よくて検証不能な、さもなければ背徳的な独り話であり、他方、哲学者プラトンの論証は彼が語りかける相手によって精査されるものであるが、後者が前者と何かを共有しうるとすると、それはいったい何だろうか？

いずれにせよ、この同じプラトンが、自分の番になると、数々の美しい虚構や洞窟のアレゴリーからアトランティスの伝説まで創作したり、古代人の言葉を伝えるという形で宗教的伝統を思い起こさせたり、エロース誕生をめぐる報告をピュタゴラス派的な巫女にゆだねたり、結婚数の謎かけをするのにムーサの女神たちの力を借りているという事実に変わりはない。プラトンは、死者の魂を露わにする最高位の裁判官であるミノス、アイアコス、そしてラダマンテュスや、死者の後の運命の糸を紡ぐ運命《モイラ》の女神たちを舞台に登場させ、さらにオリュンポスの神々の隊列が天空の劇場を駆け巡るさまを粗描する。そしてついには、彼は『ティマイオス』という対話篇を一篇まるまる「ありそうな物語《ミュートス》」――これは最初の科学的な宇宙論体系である――に費やしている。哲学者プラトンが、みずからの言説を詩人や神話を語る者やソフィストの言説と対置しようとするとき、彼の言説の正当性を基礎づけるのは、ロゴスだろうか、それともミュートスだろうか？

プラトン哲学は、神話と理性、論証と物語のあいだに張り渡され、ミュートスであると同時にロゴスとして生まれる。奇想天外な物語は、哲学的問答法による探究の特徴とことごとく対立する特徴を備えた自律的空間を規定する。神話の言表形式は独白《モノローグ》であり、対話《ディアローグ》ではない。神話の修辞技法がこだわるのは語りであり、論証ではない。神話で象徴を媒介する物はイメージであり、概念ではない。神話の認識論的な究極の目的は、その基礎を真実性のうえにおいており、実証のうえにではない。そして最後に、神話の存在論的な指示対象は全宇宙世界であり、事物の特異な実在性ではない。神話は、日常的な生に対して一定の距離をとっており、この距離は神話の物語の隔絶性と語り手の異質性によって明らかとなる。驚くべきことに、エレアからの客人、アテナイからの客人、マンティネイアからの女客人、ロクリスのティマイオス、アブデラのプロタゴラス、エジプトのサイスの神官、というように、その神話のすべてが異邦人の発言にゆだねられているのであり、ソクラテスですら、その場違いさ（アトピー）は、自分の町のなかで「案内人に連れられて歩いているよそ者」と思わせるほどである（『パイドロス』二三〇c）。だからプラトンの神話は、目に見えないものの領域に属する存在の全体像を独特の形象を通じて明らかにしようという意図をもった、異邦人を語り手とする一連の劇的なエピソードからなる連関した物語なのである。

ロゴスの思弁的《スペキュラティーヴ》な考察が魂の内なる対話の中で概念の深みを穿つとすれば、ミュートスの鏡映的形式《スペキュレール》は、可視的なものと不可視のものの継ぎ目において、近づきがたいもの、すなわち宇宙世界の劇場全体を映し出す。それによって神話は、模倣（ミーメーシス）構造——つまり、プラトンの知識論の特色であり、話し言葉と書き言葉、注視と聴取を錯綜した仕方で映し出す鏡の機能を示す模倣構造——の特徴をもつのである。神話の物語は、まずもってギリシアの口承伝統のなかにある話し言葉の優位性を明らかにしながら、上流では、ソクラテス、ティマイオスあるいはディオティマの声を聞かせるプラトンの書き言葉のなかに、そして下流では宇宙全体が見せ物となっている宇宙世界の劇場のなかに刻み込まれる。神話の物語はその似像的本性のゆえに、ミーメーシスの第二形態、つまり『国家』から『ソピステス』に至るまでたえずプラトンが槍玉にあげている影像という見かけだけの像の製作術の埒外にあるのである。

諸対話篇に倫理の幾何学的モデルはないが、イデアのトポグラフィー（地形図）がある。これは、魂による〈善〉の探究に意味を与えるために、魂のトポロジー（位相幾何学）に、みずからを範に自己形成するように促す。神話の物語は人間に彼が何であるかを語る。つまり人間の本質は魂であり、これに与えられた運命とは、世界に生まれ来て、自分のしかるべき場をそこで見いだすことである。このとき神話の物語は、その時間的な構成が至高存在の可知的構造を模倣し、そして不可視のものと可視的なものの分割を想起させるために古い伝統のばらばらの断片を結集した、そんな物語として現われるのである。この分割は、象徴の領域全体を構造化しているさまざまな相反物のペア、つまり、〈大地〉と〈天空〉、〈大地〉と〈オリュンポス〉、〈大地〉と〈ハデス（冥府）〉、〈大地〉と〈宇宙世界〉、死すべきものたちと不死なる神々、等々において再び見いだされる。それゆえ、「目に見えるもの」と「文字通り見えざる国《ハデス》における目に見えないもの」（『パイドン』八〇d）との離在（χωρισμός）は、対話篇の中で一貫してプラトンが用いている区分法のモデルとなっている。この分割は、ちょうど魂が身体を統括するように、下位部分である可視的なものをひそかに統括している最上位部分たる不可視のものを基点に階層化されている。イデア論——その神話的本性は想起説のそれと同様に明白である——は、したがって、神話が顕わにした可視的なものと不可視のものの交差配置の合理的な転換と見なされうるのである。

その結果、神話は系譜図式に則って現われる。この図式は人間と神々とをつなぐ類縁性のモデルを説明するものである。したがって、プラトンの語る物語では、諸存在の系統、それらの生成の周期性、そして宇宙の運動に倣ったそれらの循環的回帰が現出してくる。それは、概念ではなく個別の存在（ゼウス、アポロン、アトラス、エロース、ヘスティアー）、すなわち独創的な神話的形象によって象徴されている魂の諸形態を提示することによってである。これらの魂は不可視の領域を住まいとしながらも、その存在の各段階、すなわち〈天空〉、〈大地〉、〈冥府〉において、運動と生命と知識の原理としてみずからを顕す。現実のこれら三つの次元、そしてそこに住まう五種類の存在（神々、ダイモーン、英雄たち、ハデスにある魂、そして過去の人間たち）は階層をなしているにもかかわらず、それで魂の単一性が損なわれることはない。『メノン』によれば、「全自然は同一の出自をもつ」（八一d）からである。

このときプラトンによる区分をみれば、あたかも宇宙世界とそこから発する魂とが、宇宙の操作子とでも呼べるひとつの数の支配に従うかのように、すべての神話で、そしてそれ以上に論理的諸分割の中で、五という数が周期的に回帰していることが明らかになる。プラトンが喚起するのは、魂の運命であり、すなわち、真理に向かって歩みを進める中で、時間という経糸に不可視的なものという緯糸を織り合わせて、『ピレボス』（二六d）の語るあの奇妙な「実在への生成」（γένεσις εἰς οὐσίαν）をおのずと実現する、そうした魂の本来的な運命なのである。

II　宇宙世界の分配

ソクラテスはカリクレスに、「天空と大地、神々と人間」が「友愛と秩序正しさ、節制と正義の精神」からなる共同関係によって結びつけられており、このことのゆえに、宇宙万有にコスモスすなわち「世界の秩序」という名が与えられているのだと教える（『ゴルギアス』五〇七e-五〇八a）。〈正義〉のこれら四審級がひとつの中心点の周囲に配置され、そうすることでその中心点が「幾何学的平等」を実現するというのは、死後の魂の運命に関するプラトンの三つの神話に再び見出される。『ゴルギアス』の冥府行《ネキュイア》では最初に、五つの部分に分けられた宇宙世界が、ポセイドン、ハデス、ゼウスというクロノスの三人の息子たちのあいだで分配されたことをそれとなく指摘したあと、死者の魂を同じく死者である裁判官たちの手で裁かせることにゼウスが決めたということを思い起こさせる。ゼウスは三人の息子、ミノス、アイアコス、ラダマンテュスに、「牧場」（λειμών）——これは『オデュッセイア』でのアスポデロスの草地を連想させる——のまんなかで裁定を下すよう命じた。この牧場が位置しているのは「四つ辻」で、そこからのびている道の一本は〈至福なる者たち〉の島へ通じ、もう一本はタルタロス（奈落）

へ通じている。〈天空〉と〈大地〉をつないで垂直にのびるこれらの道のほかに、水平にのびる二本の道がある。これらのうちアジアに通じている道からやってくる死者はラダマンテュスによって裁かれ、ヨーロッパに通じている道からの死者はアイアコスによって裁かれる。ミノスは最終審級として、死者に授けるべき正当な運命について判断を下す。こうして〈正義〉のトポグラフィーは中央の牧場を基点に十文字の形を描く。この形象においては、運命によって送り届けられる行き先を示す軸（〈至福なる者たち〉の島／タルタロス）が、出所起源を示す軸（アジア／ヨーロッパ）と交差するが、同時にまた、高所（天上の楽園）が低所（冥府）に対して、右側（アジア）が左側（ヨーロッパ）に対してそれぞれ優位を占めている。

魂の裁きの場を基点に秩序づけられているこれら四つの基本次元は、『パイドン』が描く地下の世界において再び登場する。ソクラテスは、人間たちが生きている下方の大地と、正一二面体の形をした上方の真の大地という二つの大地の類比を説明し、続いて、さまざまな種類の魂を運ぶ四筋の河に基づいて地下の水路系について叙述する。これらの魂は自分のダイモーンの導きで「とある場所」（一〇七d）へと行かなければならない。そこでいったん裁きが下されると、ハデスに続く道を行くことになるが、その道にはたくさんの分岐点や迷路がある。右側にはよき道が、左側には不吉な道があるというオルペウス教的なイメージ、そしてまた、魂が踏み迷うおそれのある四つ辻というイメージを踏襲しながら、ソクラテスは冥府の地勢を詳述するが、その描写によると、下方の〈大地〉には多くのくぼみがあり、人間たちはそのひとつに住んでいるのである。そして、洞窟の四人たちが地下の壁に映った影を実在するものと取り違えているように、〈大地〉のくぼみに住む人間は、自分たちが上方に住み真の事物を見ているものと思い込んでいる。

すべての河は水、泥、そして火で満たされていてタルタロスへと流れ込むが、その河のなかからソクラテスはとくに「四筋ほどの流れ」（一一二e）だけを取り出す。これらは二筋ずつがアケルシアス湖の周囲で互いに相対している。そのなかでも最も重要なのはオケアノスで、ハデスの国の外側をめぐり流れている。これと相対し逆向きに流れている河がアケロンで、数々の「荒涼たる」地域をめぐり流れたあとにアケルシアス湖に達する。第三の河は先の二本の河の中間にその流れを発し、泥様の溶岩を同じ湖の近くまで流し運び、そのあとタルタロスの底へと注ぎ込む。これは「火が燃えさかる」河ピュリプレゲトンのことで、プラトンがコキュトスすなわち「嘆き」の河と呼ぶ第四番目の「氷つくような」河ステュクスと対をなしている。コキュトスの水は、ピュリプレゲトンと同様に、アケルシアス湖でそこの水と混じり合うことはなく、ピュリプレゲトンとは反対側からタルタロスに注ぎ込むこととなる。

これら四筋の流れは、『ゴルギアス』での四本の道と同様に二本の軸の上で対をなしている。すなわち、地下世界の垂直軸上で一番外側のオケアノスと一番内側のアケロンが対をなし、冥府を中心にその両側において火の川ピュリプレゲトンと氷の川ステュクス／コキュトスが水平軸上で対をなしている。おのおののダイモーンに導かれてきた魂は、地下の別々の川の流れに沿って各自の運命に至り着くことになる。このときソクラテスは魂を五つのカテゴリーに分ける。矯正しがたい魂はタルタロスに投げ込まれ二度と出てこられない。矯正の余地がある魂は二種類に分けられ、冷然と殺人を犯した魂は氷つくような河に流されていき、焼けつくような怒りにまかせて殺人を犯した魂は火の河へと運ばれていく。敬虔な魂は大地の表面へと上っていき、〈至福なる者たち〉の島で生きることになる。最後のカテゴリーであるが、哲学を実践してきた魂は、もっとも高いところにある住まいにおちつき、星へのこのような再生で転生の円環を閉じるのである。

ホメロスはオデュッセウスの冥府行《ネキュイア》で、オケアノス、アケロン、ピュリプレゲトン、ステュクス、コキュトスという五つの名前――ただしハデスで流れているのはオケアノス以外の四つの河だけ――に言及していたが、プラトンは同じこれらの河を再び取り上げながらも、オケアノスを四つの河のグループに組み入れて、また空間の四方向と結びついた四筋の流れのこの四という数を保持するために――ただし死者の魂が振り分けられるのはそのうち三筋の河だけだが――ステュクスとコキュトスを同一のものとしている。それらの形象は、魂をそれぞれの刑罰の場へと導いていく大地の道と河の筋と空間の軸に注目するなら、ひとつの四元構造と解釈されるだろうし、あるいはそれらの軸筋に、宇宙万有の四方向の発出元である中心点を組み入れるなら、五元構造とも解されるだろう。

『国家』のエルの神話は比類のない豊かさを内包している。なぜなら、その物語の場面はオリュンポスの光に浴する全宇宙の中心に設定されているからである。そこでは諸々の魂が同じく十文字の形に従って広がっている。ここでは大気の流れが、大地の道と河の筋に取って代わることとなる。エルは死後、他の魂ともども、「牧場」と同定される「霊妙不可思議な場所」（第一〇巻、六一四ｅ）に到着する。宇宙世界の中心では、大地に二つの穴が隣り合ってあいており、これと向かい合う形で天にも、逆向きではあるが、対応する二つの穴があいている。これら四つの開口部のあいだに鎮座した裁判官は、正しい者には〈天空〉へと上る右側の道を行くよう命じ、罪を犯した者には〈冥府〉へと下る左の道を行かせる。これと同時に、決められただけの期間に決められた回数だけ繰り返される褒賞と刑罰を受け終えた者の魂が、〈冥府〉から上ってきたり、また〈楽園〉から再び降りてきたりしている。したがって、階層化されたこの場所は、幸いをもたらす右側の二本の道——〈冥府〉から〈牧場〉への上り道と〈牧場〉から〈楽園〉への上り道——と、不幸をもたらす左側の二本の道——〈楽園〉から〈牧場〉への下り道と〈牧場〉から〈冥府〉への下り道——を対置しているのである。

ソクラテスが、これら四つの宇宙世界の流れは、魂の上昇運動と下降運動に応じて逆向きになっていると教えているように、天の右側は大地の左側と向かい合い、天の左側は大地の右側と向かい合っている。つまりわれわれの前にはギリシア文字χ（ケイ）の形がある。〈牧場〉を中心とするこの形は、宇宙における魂の五通りの通過の仕方を関連づけるものとなっている。すなわち、洞窟の神話を際立たせているアナバシス（上昇）とカタバシス（下降）の同じリズムに従った、〈天空〉への上昇、〈天空〉からの下降、〈冥府〉への下降、〈冥府〉からの上昇、そして、〈牧場〉の通過である。世界の中心として〈牧場〉は、『ゴルギアス』での魂の輪廻を支配する十文字形の四つ辻および『パイドン』のアケルシアス湖と似た役割を果たしている。天であれ、大地であれ、ハデスであれ、まさに中心こそが、水、土、あるいは大気の道——それぞれが四本あるこれらの道は二本ずつがその都度同じ図式にしたがって対置されている——で神聖な空間に方位を与える。魂の行列はこうして〈正義〉の象徴的記号である十文字の印を描く。エルの神話は、この宇宙的形象の二つの表われを提示している。第一の表われは倫理的な種類のもので、魂が通り抜けて住まいから住まいへと移っていく四つの深い穴の交差配列の形である。第二の表われは天文学的な種類のものであり、その関心は、天空のさまざまな運動、そして必然（アナンケ）の女神の紡錘を中心とする諸天球の回転に向けられている。プラトンはいずれの場合においても、ただひとつの中心、すなわち魂および星々の循環周期がそれを軸に展開される〈牧場〉あるいは〈光の柱〉から宇宙世界を秩序づけている。そしてこの形象の中心を占めているのは〈総体性〉の数としての〈三幅対〉である。すなわち、『ゴルギアス』では〈牧場〉における三名の裁判官であり、『国家』では宇宙万有の回転運動が繋ぎとめられている〈光の柱〉のもとで〈時〉の三つの尺度にリズムを与える運命《モイラ》の三女神である。

Ⅲ　エロースの奥義伝授

エロース（恋）に関するプラトンの理論がわれわれを連れゆくのは、最後の〈審判〉が下される牧場でも、過去の英雄たちが生成流転する影と混じり合う暗い洞窟のなかでもなく、控えめな――とはいえ宇宙的な――場、すなわちアガトンの邸宅である。『饗宴』は、最初に登場するパイドロス、パウサニアス、エリュクシマコス、アリストパネス、アガトンという話し手たちが開陳する哲学的ではないエロース論、そして巫女ディオティマの口をかりて語られるソクラテスのエロース観、それから最後になされるアルキビアデスのソクラテス賛美、という三つの異なる部分から構成されている。ソクラテスより先に演説する者たちにとって、エロースとはつまるところ似たものによる似たものの産出ということになるのだが、失われた融合を求める球体の存在をもとにアリストパネスが最上のものと提示するエロース観を、ディオティマは不毛であると強調する。本当のエロースとは、「美のなかで出産し分娩」しようとするのであり、その目的は最終的には不死あるいは「善を恒久的に所有すること」（二〇七a）にある。エロースが象徴《シュンボロン》〔割り符〕であるなら、それは目に見えるものと見えないものという二つの異なる存在を結びあわせるものであり、これら二者が異なっているところに美の卓越性を認めることができる。アリストパネスの物語は、性の営みからあらゆる神秘性を取り去っていたが、ディオティマの教えは、そのエロース探究のなかに超越性の暗号を組み入れている。

　ところでソクラテスは、エロースに関して自分の知っていることはマンティネイアのディオティマから聞いたものだと言って、この女性に発言をさせている。アガトンの饗宴に招待されていないディオティマがエロースの出自を物語るのは、アプロディテの祝宴にこれまた招待されてはいなかった別の女性を登場させるためである。〈貧窮〉の神格化であるペニアは、〈愛〉の女神アプロディテが誕生した夜に、神々の祝宴の残り物をなにか施してもらおうとやってきた。ペニアは、その名が「通路《パサージュ》」を意味する神ポロス（Πόρος）が眠っているのを見ると、彼の上に身を臥してまんまと彼の力を利用した。かくして恋のダイモーンであるエロースは〈愛〉の女神の誕生した夜に宿されることになった。だからディオティマが明かす話は、エロースの宇宙的役割が、死すべきものとしての本性と神的な本性という二重の本性を源としていることを告げている。ポロスとペニアの息子エロースは父親から多くの「手品《パス・パース》」の業を受け継ぎ、そのおかげで彼は母親ゆずりの貧窮を脱することができるのである。その出自ゆえにエロースは、神々と死すべき人間たちのあいだの、そして知と無知とのあいだの通路《パサージュ》（πόρος）となっている。彼は偉大なダイモーンである。ダイモーン的なものとは、不死なる神と死すべき人間の間の中間的身分であり、神々には人間たちの祈願を、人間たちには神々の指令を伝える存在だからである。同時にまたエロースは知と無知の中間にあり、そのような資格により哲学者なのである。いまだ所有していない知を得ようと専心する者だけが哲学者なのだから。こうしてエロースは、神々と人間、無知と知の中間にあって、その媒介作用によって、これら四つの審級間の空隙を埋める。つまりエロースは「全体をそれ自身と一体のものとして結合する絆」（二〇二e）なのである。

それからディオティマはソクラテスに恋の秘儀を伝授するため、「恋の道」（τὰ ἐρωτικά）の話に取りかかる。この秘儀伝授に志願する者はすでに予備的な教えによってエロースに不死性の起源を見て取る備えができている。重要なのは、絶対的な〈美〉の発見につながっている「正しい道」へと今この志願者を連れていくことである。秘儀を伝授される者が「終極で最奥の真理」へと転向するのは、五つの階梯を道案内にして厳格に段階を踏んで進むことによる。まず最初に、恋の道をたどる者はただひとつの美しい肉体を愛し、そこにおいて「美しい言葉」（λόγους καλούς, 二一〇a）を生み出さなければならない。次にその者は、「すべての美しい肉体」を愛し、可感的世界であらゆる肉体に与えられている美は同じ共通のものであることに思い至らなければならないだろう。第三段階においては、彼は「魂のうちの美」

（二一〇b）のほうを肉体の美よりも高次のものと見なし、正しい道理を生み出すであろう。そして彼は、そうすることで「さまざまな営みと法律習慣のうちにある」（二一〇c）美を眺めることになる。生活慣習にひきつづいて、第四の試練として、秘儀を伝授される者は魂の「もろもろの知識」（二一〇c）へと導かれてゆくであろう。それは、彼がこれらの知識を通じて「美の大海原」を見出すためである。それを観想するときに、彼は哲学への汲み尽くせない愛から霊感を得た思想を生み出すことができるだろう。

秘儀伝授の旅の果てに、恋の問題に関して段階を正しく踏んでこの頂点へと教導されてきた者は、急に「一瞬のひらめきのうちに《エクサイプネース》（ἐξαίφνης）、本性からして驚嘆すべき美を見て取るであろう。これこそは、ソクラテス、今まで人びとがそのためにずいぶんと苦労を重ねてきたものであり、まずもって、生じることも滅びることもなく、永遠のもので、増大も減少も許容することのないものである。そしてさらにそれは、ある観点からは美しく、他の観点からは醜いということもなく、時に応じて美しかったりそうでなかったりということもなく、ある関係においては美しく、別の関係においては醜いということもなく、場所に応じて、そしてそれを見る人に応じて、美しかったり醜かったりすることもない。この美を見てとった人は、それが顔をもっていたり手をもっている姿を思い浮かべることはできないだろうし、それを、肉体的本性に与るようないかなるものとも考えることはできないだろう。この美は、もはや道理でも知識でもなく、たとえば、生きものや大地、天空〔中略〕といった、自己とは別のもののうちに存するようなものでもなく、むしろそれは、自己自身で自己自身により、その形姿の単一の相においてあり、万有におけるあらゆる美はこれのあり方を分けもっているのである」（二一〇e－二一一b）。

かくして正しい恋の道は五つの階梯に従って現われる。そこでは段階的に啓示がなされるが、その特徴は〈美〉の超越性が突如として登場するところにある。秘儀に与る者は、①ただひとつの肉体から二つの肉体へ、②二つの肉体からすべての肉体へ、③さまざまな美しい肉体から、生活慣習の美しさへ、④ついで、生活慣習の美しさから美しい知識へと上昇し、最終的に到達するのが、⑤〈美〉それ自体以外のいかなる対象ももたない「かの知識」である（二一一c）。人間と神々の中間にあるエロースのありかたは文字どおり哲学者の場違い《アトピー》さを規定しているが、このエロースをまねてソクラテスは、知と無知のあいだに身をおいている。彼は、思考誕生の場であるこの中間部において、しばしば自分を押しとどめる不可視のダイモーンと一体となる。なぜなら、ダイモーンと結びつき、したがって魂と結びつくものは、プラトンにとって論理のカテゴリーに属してはいないからである。ダイモーン的なものに限定を与えることはできない。というのも、『ピレボス』のカテゴリーに従うなら、限りをもつ存在はすべて、その無限の流れや相反するものを、混合的な本性のものへと固定することになっているからである。ところでエロースは、存在の部類ではなく、むしろその父親のように、パサージュの部類に属している。知恵と無知、死すべき者と不死なる者の間の純粋な媒介（μεταξύ）としてのエロースは、その行程の終極《テルム》へ固定されることはけっしてなく、あらゆる限定《デテルミナシオン》を免れるのである。むしろ、アイティアー（αἰτία）というギリシア語——それは魂が絶えず満たさなければならない倫理的要求を示唆する——の原義である始まりと原因の部類に、エロースは属している。

Ⅳ　アトランティスという鏡

『クリティアス』の神話は、プラトンのいつもどおりの三元構造の図式に則って構成されている。われわれの前には三つの都市国家がある。①理想国。これについては、『ティマイオス』冒頭でソクラテスが、前の日に友人たちとでその概略図を描いたと改めて述べている。②理想的なモデルをコピーした似像としての国。これは、古きアテナイによって具現化されている、正義に捧げられた国である。③この似像をコピーした影像としての国。その典型は、アテナイと戦うことになるアトランティスである。したがってこの物語は、二つの国家イメージをミーメーシス（模倣）のあり方において対立するものとして立てている。この対立を象徴するのが言及される金属の種類である。古きアテナイは金銀を用いることに無関心であるが、これに対してアトランティスの生活は、金とオレイカルコス（真鍮もしくは白金のような金属か（?））がなければ始まらず、ポセイドンの神殿も王宮もこのオレイカルコスが壁に張りめぐらされている。一方はディケー（正義）に、他方はヒュブリス（暴慢）に捧げられた国家だが、これら二国間の対立関係が、ミーメーシスのあの三元構造図式の内部に位置を占めている。とはいえ、この図式だけではアトランティスの国の誕生と頽廃の説明にはほど遠い。この三元構造の図式に五元構造の図式が交差することで、アトランティスの国は生命と魂と運動を与えられることになる。ただし、海に捧げられたはずのこの国は海によって滅ぼされるのである。

自分の取り分としてアトランティスの島を獲得したポセイドンは、島の中央にある山で、死すべき人間の娘クレイトと結ばれる。彼はそこに、二つの陸地環状帯と三つの海水環状帯からなる円環状の要塞の形をしたアクロポリスを建設する。交互にめぐらされたこれら五つの環状帯に関連した国家建設は、その後、島を取り巻く五つの壁によって旧に倍することとなる。つまり、神殿の周囲の金板が張られた柵囲い、アクロポリスを囲むオレイカルコスの張られた壁、内側の陸地環状帯を囲む錫板張りの壁、外側の陸地環状帯を囲む銅板張りの壁、そして、この外側の陸地環状帯から五〇スタディオン〔約八・八八キロメートル〕の間隔をあけたところにある、港を囲む壮大な環状の都市城壁である。五で割り切れる空間のこの配分は、ポセイドンがのちにクレイトともうける五組つまり五系統の双子の誕生に反映されており、また島全体のさまざまな計測値を支配する。この神は、最初に生まれた子供から始めて一〇人の子供たちに名前をつけることになる。最年長の子はアトラスというが、この名前にちなんでその島と海にアトランティスという名前がつけられた。双子として生まれた最初の兄弟たちの二重の誕生、アトラスの双子の弟がもつ二つの名前、ギリシア語とアトランティス語の二つの言語、そして島の二つの部分、これらによってアトランティスの二重性は非の打ち所のないものとなろう。

王となる五つの系統の誕生は、島のさまざまな測量値において五という数を何度も何度も反響させる。平野の中央には海岸から五〇スタディオンほどいったところに山がある。ポセイドンの小島には彼の神殿と王宮があるが、その直径は五スタディオンであり、海からは陸地と海水からなる五つの環状帯と五つの壁で隔てられている。島の港を開口部とする環状城壁は最も大きな海水環状帯から五〇スタディオンはなれたところに設けられている。そして最後に、島の各地区の面積は一〇掛ける一〇スタディオンである（一一三c-一一九a）。ポセイドンと結びつくすべての数は、善の原理である五性（五であること）がもつ奇数性に支配されている。これに対して偶数の女性性と結びついたクレイトに帰属する数はすべて、奇数を、無限定の原理である二性あるいは六性に置き換えている。五と六、神と死すべき者との混淆は、ペラス（限定するもの）とアペイロン（無限定なるもの）の混合――神殿を囲む環状帯の不均衡な配置がそれを物語っている――を想起させる。プラトンにとって大地は有限《ペラス》によって限定を与えられた特権的な要素であるがゆえに、てっきり大地は限定の尺度である奇数と結びつけられるものと予期され、また、無限定なるもの《アペイロン》による解体の象徴である海に対して大地は優位に立つものと期待されるだろう。ところがポセイドンは、実際には奇数性を無限に、偶数性を限定に割り当てながら、海水の環状帯を三つ、陸地の環状帯を二つ作っているのであり、これは、アトランティスがその代償を支払わなければならなくなる象徴的な過ちである。

　同じくまた、アトランティスの王たちは審議を行なうために五年ないしは六年ごとに招集されるのだが、そうすることで偶数性と奇数性とを混同してしまっている。偶数と奇数のあいだでの、人間と神のあいだでのこの躊躇は、もともとポセイドンとクレイトが結ばれることから惹起されている。知性的対象が感覚的対象から区別されるのと同様に、神が人間と混ざり合うことはありえないというのが、プラトンの終始一貫した教えである。アトランティスの国制が頽廃していくことによって明らかとなる無秩序の責任は、島の中央での奇数と偶数の、ペラスとアペイロンの、神たる男と死すべき人間たる女の、調和を欠いた結合に帰される。だから、アトランティスの構造は、限定の女神アテナに捧げられた古きアテナイとは逆に、ポセイドンの王国において反響する無限定《アペイロン》が支配する構造である。

二であることがもつ不吉さは、アトランティスのアクロポリスにあるポセイドンとクレイトの結ばれた場所から湧き出る冷泉と温泉の二つの泉の出現に象徴されている。古期のアテナイでは逆に、アクロポリスのあるあたりに冬も夏も温度の変わらぬ水をもたらしてくれる泉がひとつだけあった。泉のこのコントラストは、アッティカの地の所有をめぐるアテナとポセイドンの衝突を想起させる。海の神は、アクロポリス山上の地面を打って海水の湧きでる泉を出現させた。しかし、アテナイの人びとは自分たちにオリーヴの木を贈り物として与えてくれたアテナに軍配をあげたのである。プラトンの神話はつまり、二性の無限定性の力を明らかにすることによって、ポリスをめぐるアテナとポセイドンの争いを宇宙的次元へと移し換えているのである。この力を象徴しているのが、アトランティスの国を潤す二重の泉水と海に向かって大きく開いた港、そしてアクロポリスの二つの陸地環状帯を三つの海水環状帯で取り囲んでいる水路系なのである。これとは反対に、古期アテナイは船舶と同様に港ももっておらず、ただひとつの泉と女神の与えてくれたオリーヴの木が象徴している大地——構成素材としてのペラスの形象である——にしっかりと根を下ろしたままである。

アトランティスの王たちの最初の誕生は、そのあと四回にわたって繰り返される双子の出現とともに、あの不調和を物語っている。そこにこそアトランティスの両義性がある。ポセイドンに忠実であり続けるためには、ただ一人の王が統治しなければならないのに、一度だけの受精で二人の兄弟が生まれる。王の系統に女性がいない理由がわかる。ピュタゴラス派の伝統に応じて、神の、一性の、そして男性の原理は奇数で表現されるが、人間の、二性の、そして女性の原理は偶数で表現される。不死なる神の本性は、王の系譜を確実なものとする男子の誕生によって、そして宇宙世界の周期性と結びついた五という数によって、優位に立つ。これに対して死すべき者である女の本性は、分割の一要因である双子たちの二性によって表示される。アトランティスの王たちは姉妹をもたないので、死すべき者である女と結婚して子供をもうけることになろう。しかし、その子供たちの神的本性は少しずつ衰滅していくだろう。

　アトランティスの空間と時間に刻印された五という数は、ポセイドンがみずからの結婚を祝った中央の小島によってこの神の顕現をはっきりと描きだす。不可侵の領域を金の柵囲いで守りながら、神話は、世界を忘却から救い出す系譜の原理を守ろうと試みる。また、アトランティス人たちは、彼らのなかで「神の性」すなわち「神との類縁的基盤」（二一〇e）が支配している限り、正義を実践していた。「しかし、多くの死すべき者と何度も何度も混じり合わされたために、彼らが神から受け継いでいた部分が、彼らのなかで損なわれていくとき」、すなわち、母親の数である六が父親の数である五の代わりに置き換えられるとき、人間の性格は少しずつ神の血統を消し去っていった。金とオレイカルコスの、人間と神の、五という数と六という数の、乱雑な混合であるアトランティスは、正しい国家の模像《シミュラークル》であり、循環周期の最終段階において、類似性を剥奪する「無限なる海」（『ポリティコス（政治家）』二七三d）に呑み込まれることになるのである。死の幻影に捧げられた塩の深淵へと島が消滅していくことは、神が言葉を中断させることと関連している。アトランティスの者たちは自分の起源に忠実なままでいられないということが判明するや、ゼウスは、「世界の中心」、すなわちピロラオスが「ゼウスの館」と呼び、プラトンにとっては正一二面体の不可視の光が燦然と輝く場であるあの万有の竈に、すべての神々を招集した。そしてゼウスは一言も語らないままにアトランティスを沈没させたのである。

結び　エクソドス

ここまでプラトン思想の五元構造を解釈してきたが、それは、ハンス＝ヨアヒム・クレーマーとコンラート・ガイザーが再構成しようと努めてきたような類の秘密の教説なるものを明らかにしようという意図をもつものではない（リシャール、一九八六年）。たしかに、アリストテレスによる師プラトンの「書かれざる学説《アグラパ・ドグマタ》」（ἄγραφα δόγματα）についての証言や、善のイデアに関するプラトンの教説をめぐってタラスのアリストクセノスが伝える逸話、そして『パイドン』と『第七書簡』における記述などがあるにはあるが、それにもかかわらず、プラトンが考えた万有の諸原理の階層をその存在論の数論化によって再構成するのはおそらく不可能だろう。ひょっとすると〈一〉なる〈善〉は、〈十〉という〈イデア数〉を統御し、ついで、個別のイデア――これらは諸々の類を不可分の種まで分割することと結びついている――を統御しているのかもしれない。そして、それに続いて宇宙世界の〈魂〉と個別の魂が、個別的物体の世界とアペイロン（無限なるもの）という形相なき素材の上に張り出しながら、知性的世界と感覚的世界の間の媒介物となっているのかもしれない。

しかし、あえてもっと控えめな仮設を立てることもできる。つまり、口述のものであれ書かれた形のものであれ、ともかくも保存された文書においてわれわれに知られているようなプラトンの教えが、劇的、神話的、そして哲学的問答法的という彼の書き言葉のさまざまなスタイルによって諸対話篇のなかに隠されているかもしれない。ソクラテスのこの弟子は、「影像」（εἴδωλον）である書かれた文字――それは、「事物の本性に関わる最高の原理」（『第七書簡』三四四d）に関する知恵を、まだそれを受け取る備えができていない人びとに広めていく――についてこのうえなく慎重な態度を表明した。プラトンの真の学説は、アドニスの園と同様にはかない書物のなかにあるのではなく、哲学にその身を捧げる者の「最も美しい場所」（『第七書簡』三四四c）、すなわち魂のなかにこそある。したがって、考究することでしか顕わとならない意味をテクストの表面に露出させることで、プラトンは、彼の教えを追求しようと努力する者たちに宛てられた教えを伝えることができたのである。ともかくも想定すべきは、口述の教えと対話篇とから生まれるプラトンの書き言葉が、暗黙の存在論を内包しており、解釈者の務めはこれを抽出し、可能な限りこれを生きることにある、ということである。魂の歩みは、それが魂の有翼の馬に運ばれて神話の道をたどるにせよ、魂の沈黙の対話のうちに押しとどめられて哲学的問答法の道をたどるにせよ、いずれにしてもデーミウールゴスによる混合とともに、宇宙自体のなかに、そしてそれより前に知性的形相の共同関係のなかに刻印された五拍のリズムに従っているように見える。だから、いま哲学をするとすれば、それはこれらの道の一方をたどるということであろう。つまり互いに異なっているが、あらゆる者を実在へと導く道であり、それらのおかげでわれわれは自分の住まいに戻ることができる、そうした道の一方を。

ホワイトヘッドは、ヨーロッパの哲学の伝統がプラトンに対する一連の脚注にほかならないと主張していた。そのとき彼は、現実の事物を構成する特異な要素のすべてを、統一的形相——これが、それら諸要素を、まさにそれらがそうあるとおりのものとしている——へと帰着させるプラトニズムの主要なモチーフを見つけ出していたのである。また、ボルヘスは、交接の目眩く陶酔のなかにある男はすべて同一の男であり、シェイクスピアの章句を繰り返す男はすべてウィリアム・シェイクスピアであると主張することで、この主題に無数の変奏を飾りつけることになる。そうすると、存在しているのは、ただひとりの人間、そしてただひとりの哲学者だけということになろう——つまり、プラトンの書き言葉を通じて、ソクラテスだけが、あるいはソクラテスのイメージを通じてプラトンだけが。これには別の手がかりもある。人はすべてアリストテレス主義者かプラトン主義者のいずれかとして生まれるというコールリッジの格言が真実であるなら、それはアリストテレス自身が、類としてはプラトン的類であることを含意している。というのも、われわれはその個体性を、種を通じて——今の場合は哲学者の原型イメージとして——考えるからである。第一の人間の議論がここで、第三の人間の議論に取って代わる。キーツは、四月のある夜に、今夜のこのはかないナイチンゲールとすべての夜の本質的なナイチンゲールとのあいだに何の違いもないのだとわかって、同じ永遠の歌を聴かせるプラトン的なナイチンゲールを認めた。ナイチンゲールという観念は、すべてのナイチンゲールの歌であり、人間という観念はすべての人間の尊厳であり、そして哲学者という観念はすべての哲学者の思惟である。世界という劇場には、舞台はただひとつしかないし、主役もただひとつしかない。現実存在の悲劇はすでに、それを演ずる孤独な役者とともに洞窟のなかに書かれていたのだ。われわれはみなそのことを心の奥底で知っている。哲学者の書物を開きながら、われわれは記憶の再利用写本《パリンプセスト》を繙いていき、そして、そのたびに洞窟の囚人の消し去られた痕跡をよみがえらせるのである。

訳者あとがき

本書は、Jean-François Mattéi, *Platon*（coll. « Que sais-je? » n°880, PUF, Paris, 3e édition, 2010）の全訳である。なお、同コレクションにかつて含まれていたジャン・ブラン著の『プラトン』と区別するために、著者とも協議のうえで邦訳タイトルを『プラトンの哲学——神話とロゴスの饗宴』とした。

著者ジャン＝フランソワ・マテイは、一九四一年アルジェリアのオランに生まれ、エクス・アン・プロヴァンス大学で哲学を、次いでエクス・アン・プロヴァンス政治学院で政治学を学び、一九六七年に教授資格を得た。一九七七年にパリ第四大学（ソルボンヌ）に学位論文を提出し、国家博士号を取得。この間、トゥールーズとマルセイユの高校で教鞭を執り、一九八〇年にニース・ソフィア＝アンティポリス大学の教授に就任した。二〇〇四年、レジオン・ドヌール勲章（シュヴァリエ）を授章。二〇〇六年以降、ニース・ソフィア＝アンティポリス大学名誉教授を務めている。同じ « Que sais-je? » コレクションには *Pythagore et les pythagoriciens* (2001) も収められている。そのほかの著書としては次のようなものがある。

• *L'Étranger et le Simuracre. Essai sur la formation de l'ontologie platonicienne*, Paris, PUF,

« Épiméthée », 1983.
- *Platon et le miroir du mythe. De l'Âge d'or à l'Atlantide*, Paris, PUF, « Thémis Philosophie », 1996; rééd. « Quadridge », 2002.
- *De l'indignation*, Paris, La Table Ronde, 2005.
- *Le regard vide. Essai sur l'épuisement de la culture européemne*, Paris, Flammarion, 2007.
- *Le sens de la démesure. Hubris et dikè*, Cabris, Sulliver, 2009.
- *Le procès de l'Europe*, Paris, PUF, « Intervention philosophique », 2011.

著者の関心領域は、哲学は言うに及ばず、政治から文学まで広範にわたっており、その議論の俎上に上げられるのも、プラトンをはじめとして、ニーチェ、ハイデッガー、アーレント、レヴィナス、さらにはカミュ、ボルヘスなどきわめて多彩である。しかし、現代文明の「野蛮さ」や「傲慢さ」を分析し、ありうべき「憤慨」を語り、理性の再評価を行なうときも、著者が繰り返し立ち戻って参照するのは、古代ギリシアでありプラトンの哲学である。

本書は、その導入部――プラトンの洞窟の比喩、そしてカフカの『審判』最終章を暗示する叙述となっている――からもうかがえるように、プラトン哲学のありふれた入門書ないし概説書を目指すものとはなっていない。そこで提示されるのは、ほかの誰でもなくまずもってマテイのマテイによるプラトン像である。彼はすでに、*L'Etranger et le Simuracre* (1983) で後期対話篇『ソピステス』におけるプラトンの存在論を論じ、また *Platon et le miroir du mythe* (1996) ではプラトンの哲学における神話の意味を論じていたが、いずれも独創的な読解を含んだ著述であり、本書も、これらの成果をふまえて著されている以上、当然ながらそこから立ち現われてくるプラトンの哲学の姿もいわゆるオーソドックスなものとは異なっている。ただ、こうした先行著作の論述が高度に凝縮された形で本書の中に盛り込まれており、しかもメタファーを多用した暗示的書きぶりとなっているために、それがかえって著者の主張の理解を難しくしている感は否めない。

本書の独自性はすでにプラトン哲学の端緒に関する所説に現われている。プラトンが（そしてアリストテレスが）、驚きは哲学の始まりであると述べているのは周知のとおりである。しかし著者は、プラトンにおける哲学の始まりを、「驚き」だけでなく「憤慨」というもうひとつのパトスにも認める。前者は、到来する多様な事象を前に、無反省の日常から脱してこれに驚嘆することであり、後者は、人間の不正な行為を眼前にし、現実への従属から離れてこれに憤怒をおぼえることである。魂は、謎に行き当たって驚嘆することにより、「たちまち」にして実在へと向かわされ、不正に遭遇して憤慨することにより、「たちまち」にして悪から遠ざけられる。連続的な経験のなかに突如現れる二重のギャップは、そのまま方向の転換の基点となる。「たちまち」という語に象徴されるこの瞬間的転換性こそ魂の本性であり、ひとはこのような魂を知の源泉として、宇宙世界全体、真実在、神々などと論理的にあるいは倫理的に結びついていく。「驚き」は実在の真理への覚醒であり、これが存在論の手がかりを与えるのに対して、「憤慨」は善の威厳に対する覚醒であり、これは倫理学を生み出すことになるのである。

そして著者のオリジナリティーは、このように魂のあり方を取り押さえたうえで展開するプラトン哲学の構造分析においてもっともよく発揮されていると言える。すなわち、著者によればプラトンの哲学体系は、さまざまの局面において五元構造をその本質として有しており、しかもその構造の表出に際してほかならぬ神話的言説が重要な役割をはたしているというのである。もともと新プラトン主義者がプラトンにおいて見出したが、理論として練り上げてはいなかったこの構造的範型を、著者は自らのプラトン解釈の核とする。

プラトンは、たとえば洞窟の囚人の物語から始まり、エルの神話、アトランティスの神話など、諸対話篇のそこここにおいて神話的語りを対話の中に積極的に導入している一方で、「作りごとの物語」(『国家』三七七d)という言辞に端的に示されているように、神話に対してきわめて冷淡と見える態度をとってもいる。今もって興味深いテーマとして論じられることの多いプラトンにおける神話とロゴスとの緊張関係について、著者は、両者を真っ向から対立させたり、「神話からロゴスへ」という移行を想定することでもって、プラトン哲学における神話の意義を完全否定するという道を採ることもなく、また、プラトンが神話に並々ならぬ関心をよせるのは、理性的な哲学的言説の権威を認めさせるために、それまでの神話の独占状況を打破しようとしているのだといった消極的で限定的な評価をくだすわけでもない。

むしろ著者によれば、プラトンにおいて哲学は神話に立ち返ることによってその力をよみがえらせるものであり、そのかぎりで神話は哲学的概念のなかで復権をはたすことができるのである。じっさい、プラトンが、魂、国家、そして世界の起源を語ろうとするとき、その語りはつねにアルカイックなイメージの支配のもとにおかれる。個性豊かな語り手の口を藉りて表明される神話の言説は、ディアローグからモノローグへと転換されることで、もはや相互的で円環的な議論ではなくて一方向的で直線的な物語となり、そこにおいて象徴を媒介するものは概念ではなく継起する神話的形象となる。論証も論駁も受け容れるものではない総観的機能をもったこのような言説が、魂をはじめとする不可視の対象を可視的対象へと転換し、理解が困難な真の現実の本質的で普遍的な原理を鏡のように映し出すこととなる。

この神話の共通構造として、したがって不可視の領域の共通構造として、著者が剔出するのが五元構造である。プラトンの対話篇の中で論理的言説と神話的言説とを結びつける隠れた紐帯としての「五」という数字が、プラトンの存在論と知識論のみならず、宗教的、倫理的、そして政治的分析をも徹底的に支配しているのである。むろん、「五」という「暗号」の役割を強調することで著者が、いわゆる「書かれざる教説」の「イデア数論」をプラトンに帰することを目指しているわけでないのは言うまでもない。著者の独自性を担う、こうした構造がプラトンの哲学体系の一貫した本質的な骨組みとなっているとする理解には、当然ながら異論もありうる。著者自身が「エソテリック」と言えるかもしれないと語ってくれたその解釈は、今後もさらなる議論を喚起してやまないであろう。

最後に、マティ氏より寄せられた一文をここに訳出しておく。「プラトンの世界に入ること、これは、異なる文化に身を置く読み手にとってはおそらく困難を伴うことだろう。じっさいプラトンは、哲学、倫理学そして政治学にとどまらず、科学、美学など、その後の西洋思想の展開に多くの点で影響を与えた。そして、伝統的な日本文化は西洋の文化とは大きく異なるものなのである。しかし、それほどに異なる文化に属する読者であっても、プラトンが、人間の認識を統括する理性的で普遍的な構造（すなわち諸々のイデア）が存在するという前提（仮設）を表明するかぎりで、彼の思索領域に入っていくことは可能なのである。日本の読者が、このエキゾチックに思われるかもしれないプラトンの教説を読み、それを、日本の文化に浸透している古くからの思想とどのように関連させるのか、わたしにはわからない。そうした作業はひょっとすると危険なことなのかもしれない。だがしかし、まちがいなくその危険は、冒すに値する『美しい危険』である」

本文中のプラトンの引用について、引用個所の表記法は慣例にしたがい、また翻訳は岩波書店版『プラトン全集』（田中美知太郎、藤澤令夫編）に準拠したが、著者の論旨や解釈に基づいて一部改変したところがある。ギリシア語のカタカナ表記については、原則として固有名詞以外は母音の長短を区別することとした（ただし、「イデア」など慣用されているものについてはこのかぎりではない）。また、翻訳作業中に内容や表記に関して疑義が生じた個所については著者に照会し、誤記や誤植と認められたものは著者との協議の上で訂正や加筆をしているため、底本と異なる記述となっているところがあることをお断りしておく。問いと議論に対して開かれていない哲学的解釈などないと言って、度重なる照会につねに誠実に文字通り point par point で答えてくださった著者マティ氏に感謝いたします。また、編集部の中川すみ氏、浦田滋子氏には色々とご迷惑をおかけするとともにさまざまな配慮をいただきました。お詫びと感謝を申し上げげます。

三浦要

二〇一二年三月

参考文献

原典・翻訳・書誌

Platonis Opera, Oxford, Oxford university Press, 1900-1907.

Œuvres complètes, Paris, Les Belles Lettres, 1920-1989

Œuvres complètes, trad. L. Robin, Paris, Gallimard, 1940-1942.

Œuvres complètes, par divers traducteurs, Paris, Flammarion, « GF », 1987 et années suivantes.

Brandwood L., *A Word Index to Plato*, Leeds, W. S. Money & Son, 1976.

Brisson L., Plin F., *Plato's Bibliography, 1950-2000*, CD-ROM, Paris, Vrin, 2001.

Cherniss H., *Plato's Bibliography, 1950-1957*, Lustrum, 1959.

注解・研究・文献

Brague R., *Le restant. Supplément aux commentaires du* Ménon *de Platon*, Paris, Vrin-Les Belles Lettres, 1978.

Braague R., Pour en finir avec « le temps, image mobile de l'éternité », *Du temps chez Platon et Aristote*, Paris, PUF, 1982.

Brisson L., *Le Même et l'Autre dans la structure ontologique du* Timée *de Platon,* Paris, Klincksieck, 1974.

Brisson L., *Platon, les mots et les mythes*, Paris, Maspero, 1982, 1994.

Brochard V., Les mythes dans la philosophie de Platon, *L'Année philosophique*, 11, 1901, repris dans *Études de philosophie ancienne et de philosophie moderne*, Paris, Alcan, 1912.

Brumbaugh S., *Plato's Mathematical Imagination*, Bloomington, Indiana University Press, 1964.

Cornford F. M., *Plato's Cosmology*, London, 1937.

Couturat L., *De Platonicis mythis*, Paris, Alcan, 1896.

Denkinger M., L'énigme du nombre de Platon et la loi des dispositifs de M. Diès, *Revue des études grecques*, 68, 1955.

Derrida J., Chôra, *Poikilia. Études offertes à Jean-Pierre Vernant*, Paris, EHESS, 1987 ; repris avec quelques modifications dans *Khôra*, Paris, Galilée, 1993.

Diès A., *Autour de Platon*, Paris, Gabriel Beauchesne, 1926.

Diès A., *Le nombre de Platon. Essai d'exégèse et d'histoire*, Paris, Klincksieck, 1936.

Dixsaut M., *Le naturel philosophe. Essai sur les dialogues de Platon*, Paris, Les Belles Lettres, 1985.

Festugière A. J., *Contemplation et vie contemplative chez Platon*, Paris, Vrin, 1936.

Friedländer P., *Platon I. Eidos, Paideia, Dialogos*, Berlin-Leipzig, De Gruyter,

1928-1930.
Frutiger P., *Les mythes de Platon*, Paris, Alcan, 1930 ; reprint New York, Arno Press, 1976.
Gaiser K., *Platons ungeschriebene Lehre*, Stuttgart, 1963.
Goldschmidt V., *Les dialogues de Platon*, Paris, PUF, 1947.
Goldschmidt V., *Le paradigme dans la dialectique platonicienne*, Paris, PUF, 1947.
Jacques F., Dialogue et dialogique chez Platon, in J.-F. Mattéi (dir.), *La naissance de la Raison en Grèce,* Paris, PUF, 1990.
Joly H., *Le renversement platonicien : Logos, Épistèmè, Polis*, Paris, Vrin, 1974.
Krämer H. J., *Arete bei Platon und Aristoteles*, Heidelberg, C. Winter, 1959.
Kucharski P., *Les chemins du savoir dane les derniers dialogues de Platon*, Paris, PUF, 1949.
Kucharski P., *Étude sur la doctrine pythagoricienne de la tétrade*, Paris, PUF, 1952.
Lachelier J., « Note sur le *Philèbe* », *Revue de métaphysique et de morale*, 1902.
Lafrance Y., *La théorie platonicienne de la doxa*, Montréal-Paris, Bellarmin-Les Belles Lettres, 1981.
Martin T. H., *Études sur le* Timée *de Platon*, 2 vol., Paris, 1841, reprint Paris, Vrin, 1981, avec une notice de Rémi Brague.
Mattéi J.-F., *L'Étranger et le Simulacre*, Paris, PUF, 1983.
Mattéi J.-F., *Platon et le miroir du mythe*, Paris, PUF, 1996 ; rééd. 2002.
Moreau J., *La construction de l'idéalisme platonicien*, Paris, PUF, 1939.
Mugler Ch., *La physique de Platon*, Paris, Klincksieck, 1960.
Mugler Ch., *Platon et la recherche mathématique de son époque*, Strasbourg-Zurich, P. H. Heitz, 1948.
Reinhardt K., *Platons Mythen*, Bonn, Cohen, 1927.
Richard M.-D., *L'enseignement oral de Platon*, Paris, Cerf, 1986.
Robin L., *La thèorie platonicienne des Idées et des Nombres d'après Aristote*, Paris, F. Alcan, 1908 ; rééd. 1963.
Robin L., *Les rapports de l'être et de la connaissance d'après Platon* (Cours de Sorbonne, 1932-1933), Paris, PUF, 1957.
Rosen St., *Plato's Sophist*, New Haven, Yale University Press, 1983.
Schaerer R., *La question platonicienne. Étude sur les rapports de la pensée et de l'expression dans les Dialogues*, Paris, Vrin, 1969 (1re éd., 1938).
Schuhl P.-M., *La fabulation platonicienne*, Paris, Vrin, 1968.
Taylor A. E., *A Commentary on Plato's* Timaeus, Oxford, 1928.
Vidal-Naquet P., Athènes et l'Atlantide, *Revue des études grecques,* 77, 1964 ; Le mythe platonicien du *Politique, Le chasseur noir*, Paris, Maspero, 1981 ; nouv. éd. revue et corrigée, Paris, La Découverte, 1991.
Wahl J., *Étude sur le* Parménide *de Platon,* Paris, F. Rieder, 1926.

訳者略歴

三浦要（みうら・かなめ）
一九五八年生まれ
一九九〇年京都大学大学院文学研究科博士後期課程満期退学
二〇〇五年京都大学博士（文学）
現在、金沢大学人間社会研究域教授

主要著訳書
『パルメニデスにおける真理の探究』（京都大学学術出版会）
『哲学の歴史』I（共著、中央公論新社）
『ソクラテス以前哲学者断片集』I、II、IV（共訳、岩波書店）ほか

プラトンの哲学
神話とロゴスの饗宴

二〇一二年 四月 五 日印刷
二〇一二年 四月二五日発行

訳者 © 三浦 要
発行者 及川直志
印刷所 株式会社 平河工業社
発行所 株式会社 白水社

東京都千代田区神田小川町三の二四
電話 営業部〇三（三二九一）七八一一
　　 編集部〇三（三二九一）七八二一
振替 〇〇一九〇―五―三三二二八
郵便番号 一〇一―〇〇五二
http://www.hakusuisha.co.jp
乱丁・落丁本は、送料小社負担にてお取り替えいたします。

製本：平河工業社

ISBN978-4-560-50968-5

Printed in Japan

文庫クセジュ

哲学・心理学・宗教

文庫クセジュ

文庫クセジュ

社会科学